职场进阶

从自我管理到团队管理

黄雪川 ◎ 著

化学工业出版社
·北京·

内容简介

当今时代，职场是绝大多数人生存与发展的重要场所，实现职场进阶是许多职场人的追求。职场人的职业发展受到诸多因素影响，职场进阶的机会多，但竞争者也多。职场人只有提升认知与能力，才能抓住更多机遇，获得更好的发展。本书聚焦职场进阶这一话题，全面介绍了职场人自我管理与团队管理的方法。从个人到团队的发展，也符合个人的职场发展路径：先是个人成长，然后成为管理者，带领团队共同成长。希望本书能够帮助职场人实现自身及团队的共同成长。

图书在版编目（CIP）数据

职场进阶：从自我管理到团队管理/黄雪川著．—北京：化学工业出版社，2024.1
ISBN 978-7-122-44323-6

Ⅰ.①职⋯ Ⅱ.①黄⋯ Ⅲ.①企业管理 Ⅳ.①F272

中国国家版本馆CIP数据核字（2023）第197576号

责任编辑：刘　丹　　　　　装帧设计：王晓宇
责任校对：边　涛

出版发行：化学工业出版社
　　　　（北京市东城区青年湖南街13号　邮政编码100011）
印　　装：大厂聚鑫印刷有限责任公司
710mm×1000mm　1/16　印张 $14\frac{1}{4}$　字数149千字
2024年3月北京第1版第1次印刷

购书咨询：010-64518888　　　售后服务：010-64518899
网　　址：http://www.cip.com.cn
凡购买本书，如有缺损质量问题，本社销售中心负责调换。

定　　价：68.00元　　　　　　　　　版权所有　违者必究

前言

几乎每一个职场人都希望获得优厚的待遇，获得更好的职业发展。对于职场人来说，职场进阶是一个永恒课题。本书以职场进阶为核心，详细讲解了职场人如何在职场中实现自我管理与团队管理。

全书共11章，主要从自我管理与团队管理两方面展开介绍。

第1章通过阐述职场进阶的价值，揭示在当前这个多元化时代，职场人加速个人成长的重要性，使读者能够更加深刻地理解职业成长的意义。

第2～6章，通过对时间管理、沟通谈判、建立合作、个人IP、圈层赋能5个方面进行深入挖掘，为读者提供职场中自我管理的方法论指导，帮助读者建立职业成长的思维，从以上几个方面入手进行自我管理，实现个人的职业成长。

第7～11章通过详述制度与流程设计、统筹全局、学会授权、员工激励、团队文化建设这几个方面的内容，为读者提供了团队管理方面的建议。这能够帮助处于管理层的读者学习如何进行团队管理，进而推动整个团队的成长。

从整体来看，本书聚焦职场进阶这一经典话题，逻辑清晰，通过理论与案例的巧妙结合，帮助读者迅速掌握职业成长的要点与方法。从谋篇布局来看，由个人管理到团队管理的过渡，也符合职场人职业成长的规律。通过阅读本书，读者能够更加轻松地应对职场中的大小事务，在职场中实现自我价值，不断超越自我。

著者

第1章 进阶价值：实现职场"弯道超车"

1.1 职场进阶：从职场小白到职场精英
1.1.1 多种要素推动，助力职场人成长
1.1.2 "需求+稀缺性"驱动，实现职场跃迁

1.2 VUCA时代，职业发展面临新环境
1.2.1 职场形态变化，开放和多元成为主流
1.2.2 人才任用趋势转变，带来职业发展新机遇
1.2.3 复合领导力：多元化职场中的必备领导力

1.3 职场跃迁的三大途径
1.3.1 切换赛道，聚焦自身优势领域
1.3.2 持续学习，沉淀知识以求创新
1.3.3 头部策略，将自己打造为赛道头部
1.3.4 职场进阶案例：从普通员工到企业合伙人的蜕变

第 2 章　时间管理：高效能输出结果　　023

2.1　任务目标完成法则　　024
2.1.1　6点优先工作法：让效率翻倍　　024
2.1.2　目标导向法：定目标+定计划+分配时间+执行　　026

2.2　时间分配法则　　027
2.2.1　二八时间分配法：为重要活动分配大部分时间　　027
2.2.2　职场新人的时间管理法　　028

2.3　专注力法则　　032
2.3.1　15分钟效率法则：排除干扰，拒绝拖延　　032
2.3.2　1万小时定律：持续不断地专注　　034

2.4　高效率法则　　035
2.4.1　计算单位时间产出　　036
2.4.2　为重复性工作建立工作模板　　036

第 3 章　沟通谈判：提升职场软实力　　039

3.1　沟通：信息交流，建立感情　　040
3.1.1　时机：及时沟通，避免变动　　040
3.1.2　表达：自信大方，据理力争　　042
3.1.3　说服：利益绑定，循序渐进　　044
3.1.4　反驳：公开支持，私下质疑　　047
3.1.5　倾听：保持真诚，适时反馈　　048

3.2 谈判：在谈话中占据主导地位 … 049
    3.2.1 坚守底线，施以小惠 … 050
    3.2.2 把你的资格和能力融入谈判中 … 052
    3.2.3 用数据说话，提升说服力 … 053
    3.2.4 谈判中怎样打破僵局 … 054

3.3 如何有效社交 … 056
    3.3.1 主动创造机会，认识新朋友 … 057
    3.3.2 与比自己更优秀的人合作共事 … 060

第4章 建立合作：资源互补实现双赢 … 063

4.1 与同事合作 … 064
    4.1.1 积极合作，善意沟通 … 064
    4.1.2 保持目标一致，考虑各部门利益 … 065

4.2 与上司合作 … 066
    4.2.1 明确自己的定位：上司的助手 … 067
    4.2.2 明确任务目标，认真执行 … 068
    4.2.3 请示与汇报：与上司保持沟通 … 070

4.3 与客户合作 … 072
    4.3.1 建立信任：展示资质与专业性 … 073
    4.3.2 挖掘客户需求，强调产品优势 … 074
    4.3.3 解决客户异议，化解问题 … 076
    4.3.4 解决客户拖延症，达成合作 … 077

第 5 章　个人 IP：打造适合自己的职场人设　　083

5.1　定位：提炼优势，明确人设　　084
5.1.1　分析自身优势，明确自己的兴趣和技能　　084
5.1.2　细分定位，增加特色标签　　085
5.1.3　结合职场需求，调整人设标签　　087
5.1.4　创造一场引人关注的职场成就事件　　088
5.1.5　职场素人进阶为演讲达人　　088

5.2　印象管理：用无声的语言说服别人　　090
5.2.1　外表形象管理：衣着得体　　091
5.2.2　职业形象管理：展示职业专业性　　092
5.2.3　媒体形象管理：通过媒体进行个人 IP 宣传　　095

5.3　打造爆款：扩大个人 IP 影响力　　099
5.3.1　持续输出高价值内容，吸引受众　　099
5.3.2　持续打造职场大事件，增加曝光率　　100

第 6 章　圈层赋能：借更高圈层获得更多资源　　103

6.1　圈层背后的价值　　104
6.1.1　倾听大咖观点，实现认知突破　　104
6.1.2　找到新项目、新资源、新机会　　106

6.2　破圈三部曲　　107
6.2.1　梳理关系，搭建人脉关系网　　108

- 6.2.2 加入团体，实现资源共享   109
- 6.2.3 参加行业活动，结识行业大咖   111

6.3 持续经营：发挥圈层能量   112

- 6.3.1 利他主义：积极帮助别人，敢于投资   112
- 6.3.2 资源置换＋优势互补，实现合作共赢   114
- 6.3.3 提升能力与认知，实现圈层扩展   115

第7章 制度与流程设计：制度管人，流程管事   119

7.1 为什么制度管人势在必行   120

- 7.1.1 人情充斥职场，制度沦为摆设   120
- 7.1.2 上下级关系亟待优化，员工管理应加强   121
- 7.1.3 劣币驱逐良币，弱者反而居高位   125
- 7.1.4 领导难以用正确的态度审视下属   126

7.2 制定科学制度，约束全体下属   129

- 7.2.1 制定制度的六大原则   129
- 7.2.2 剔除无效制度，避免制度重复   130

7.3 流程管事：打造完善的流程管理系统   131

- 7.3.1 工作标准化，业绩目标早实现   131
- 7.3.2 流程框架设计：建立流程化的架构   134
- 7.3.3 流程成熟度评估：保证管理行为与结果一致   135

第8章 统筹全局：学会谋篇布局　　139

8.1 统筹工作安排，确保工作顺利进行　　140
8.1.1 明确团队目标：以SMART原则为指导　　140
8.1.2 目标分解，将任务落实到个人　　144
8.1.3 全程监督，及时解决问题　　148

8.2 统筹资金管理，保证收支平衡　　152
8.2.1 完善资产全生命周期管理　　152
8.2.2 合理编制资金预算　　154

8.3 妥善应对突发事件，解决突发风险　　156
8.3.1 快速给出解决方案，避免危机扩大　　156
8.3.2 调整项目计划，弥补延误的进度　　158
8.3.3 妥善与各方沟通，获得支持与理解　　159

第9章 学会授权：高效激发全员潜能　　163

9.1 分级授权：必须授权 vs 应该授权 vs 可以授权　　164
9.1.1 必须授权：简单且重复的工作　　164
9.1.2 应该授权：例行性日常工作　　166
9.1.3 可以授权：有一定挑战性的工作　　167

9.2 授权后，不要过度干涉员工　　169
9.2.1 "因材施教"：将员工实力作为授权依据　　169
9.2.2 授权与授责同时进行　　171

	9.2.3 给下属多一点信任，不要过度插手	172
9.3	甩手掌柜虽然轻松，但风险高	174
	9.3.1 高段位领导可以做到授中有控	174
	9.3.2 授权配套措施：足够的控制力	176
	9.3.3 对于屡次犯错的员工，绝不纵容	178

第10章 员工激励：在激励中成就卓越团队   181

10.1 设计激励方案的三大要点   182

    10.1.1 双管齐下：物质激励＋精神激励   182

    10.1.2 即时激励与中长期激励相结合   184

    10.1.3 注重激励方式，不要让激励成为负担   185

10.2 设计激励方案的流程   187

    10.2.1 明确实施激励方案的周期   187

    10.2.2 明确被激励人群：全体员工或团队核心员工   188

    10.2.3 明确激励方法：绩效激励或项目分红   190

10.3 目标激励提升团队势能   192

    10.3.1 榜样激励：唤醒团队积极性   192

    10.3.2 对赌式激励：设置多层级的奖励与惩罚   194

    10.3.3 福利式激励：对表现优异的员工提供额外福利   195

    10.3.4 案例解析：宝洁的福利激励模式   198

第11章 团队文化建设：赋予员工极致归属感　　201

11.1 团队文化是团队高效运行的关键　　202
11.1.1 团队文化体现：物质+精神+制度　　202
11.1.2 误区规避：文化不仅体现在表面　　204

11.2 以身作则：管理者是团队文化传播的关键　　206
11.2.1 解读团队文化，加强员工对文化的理解　　206
11.2.2 身体力行践行团队文化　　208

11.3 让文化在团队运营各环节落地　　210
11.3.1 培训：积极开展文化培训　　211
11.3.2 考核：将文化融入考核内容　　212
11.3.3 组织活动：通过多样的活动传播团队文化　　214

第 1 章
进阶价值：
实现职场"弯道超车"

职业发展是讲究方法，有规律可循的。想要实现职场进阶，职场人就需要使用正确的方法在正确的方向上不断努力。通过职场进阶，职场人能够在职业发展的道路上"弯道超车"，在加速成长的过程中实现自我价值，不断超越自我。

职场进阶：从职场小白到职场精英

职场是绝大多数人生存与发展的重要阵地。由多维度的多种要素推动的职业成长，以及职场中个人的快速跃迁，成为越来越多职场人追求的目标。

1.1.1 多种要素推动，助力职场人成长

职场进阶，就是职场人在职场中的正向职业发展，即职场人在不同维度的要素的推动下，实现能力的提升，达成一定的工作目标，获得职位或薪酬上的提升。

从职场人的个人素质这一维度来看，推动职场人职业成长的素质主要包括以下几个，如图1-1所示。

1.性格

正所谓"千人千面"，每个人的性格都有着独一无二的特点，而不同性

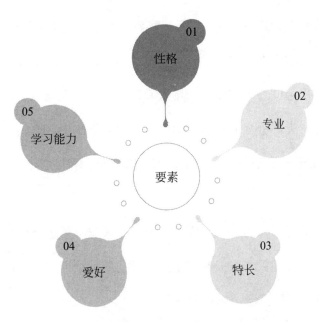

图1-1 推动职场人职业成长的个人素质

格的职场人适合的行业或岗位各不相同,在不同行业的成长速度也存在差别。例如,性格较为内向的职场人更适合从事财务、质检、设计、研发、生产等工作,而性格外向的职场人可能更适合从事培训、公关、营销、教师、律师等工作。

虽然职场人的性格并不能完全决定其从事的职业,但是性格对职场人职业成长的影响十分显著,关系到职场人能否胜任某一岗位,以及能否在岗位上充分发挥才能。例如,一个性格十分内向的职场人选择从事销售这一职业,可能很难获得职业提升。

2.专业

在求职过程中,求职者会衡量自己与岗位的适配度,企业也会对求职者的专业与岗位的匹配度进行考量。求职者的专业与岗位的匹配度越高,加入企业后就能获得更大的职业成长空间，能够为企业创造更多价值。

事实上，当前仍然存在产学严重脱节的情况，即行业实践要求与职场人学习的理论知识之间联系较弱，职场人掌握的专业知识难以迁移应用到生产实践中。因此，大部分企业在员工上岗之前都会组织岗前培训，在员工工作过程中也会组织一系列再教育活动，使员工能够更好地实现理论与实践的充分融合。

因此，为了更好地实现职业成长，除了在求职阶段选择与自身专业匹配的岗位外，职场人还需要积极参与企业组织的各种培训活动，在工作过程中不断提升自身的工作技能，充分发挥专业优势。

3.特长

专业是否与岗位匹配是企业与求职者都会考虑的问题，而出色的特长，可能会成为求职者的秘密武器，使求职者在职场中获得突破。

例如，李某毕业于市场营销专业，开始工作后一直从事销售工作。一次偶然的机会，李某的一位朋友发现其在图标制作方面有着非常出色的才能，而且李某还精通PPT、Excel。有此发现后，李某的朋友建议李某尝试应聘文秘岗位。后来，李某从销售岗位辞职，成功应聘上了一家上市企业的文秘，获得了更适合也更好的职业发展。

职业没有高低贵贱之分。只有更契合职场人自身特点，能够充分发挥出自身特长的岗位，才能使职场人的职业成长更加顺利。因此，专业不应成为限制职场人发展的框架，职场人应充分挖掘自身天赋或特长，并大胆尝试，可能会获得意想不到的惊喜。

4. 爱好

与特长类似，爱好也是职场人拓宽职业成长道路的切入点之一。在实际工作过程中，企业或用人单位可能更看重员工的工作能力、工作成果，而非员工的专业。与一名毕业于财务专业，但业务不精、工作能力低下的人相比，一名非财务专业，对这一领域有浓厚兴趣，通过自学课程、参加培训等方式熟练掌握工作技能的求职者，更能获得企业的青睐，企业也更乐于给予其广阔的成长空间。

兴趣爱好是职场人职业成长的重要推动力。如果职场人对自身所从事的工作有着很浓厚的兴趣，就更容易从工作中获得成就感，能够更充分地实现个人价值。同时，兴趣爱好还能够推动职场人对工作进行深入探索，从而提升自身业务能力，实现快速成长。

5. 学习能力

学习能力是职场人在职场中实现快速成长的关键性个人素质。工作中会出现许多新问题、新挑战，只有拥有强大的学习能力，并能提升自身应变能力与心理素质，职场人才能不断在新鲜事物中汲取职业成长所需的养分。

除个人素质外，还有许多能够推动职场人职业成长的要素。例如，行业发展状况与前景、企业文化与工作氛围、工作伙伴的能力与素质等。职场人需要主动抓住工作过程中出现的机遇，勇敢地迎接挑战，充分发挥主观能动性，利用外界资源努力实现自身成长。

1.1.2 "需求+稀缺性"驱动，实现职场跃迁

大部分职场人在职场中都追求更有价值的工作岗位、更优厚的工作待遇以及更有前景的工作领域。职场进阶的意义就在于，使职场人能够实现职业成长以及快速跃迁，在工作中充分实现个人价值，并获得更加广阔的职业发展空间。

职场跃迁的实现，依赖于两个不可忽视的关键要素，如图1-2所示。

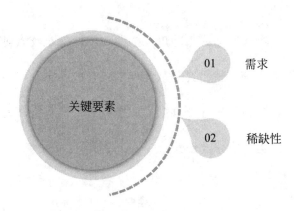

图1-2 实现职场跃迁的两个关键要素

1.需求

需求是决定职场人职场价值、影响职场人职场跃迁的第一个关键要素。这里的需求指的是企业对职场人工作能力、拥有的资源等的需求，是职场人价值的具体体现。

企业对职场人的需求，决定着职场人的职场价值。例如，在一名拥有很多流量的自媒体博主的团队中，一名承担文案编辑工作的实习助理，月薪上万元。就实习助理一职而言，这样的薪资可谓十分丰厚。

自媒体这一行业，对文字内容有着较高要求，文字内容的质量将直接影响流量以及带来的收益。即便转发率仅提高1%，内容的阅读量与商业价值都能够有显著的提升。需求匹配，是这位文笔颇佳的实习助理能够获得丰厚待遇的重要原因。

在工作过程中，许多职场人可能会产生怀才不遇的感觉，认为企业或上级领导没有充分认识到自己的能力，给自己安排了不合适的工作或者不匹配的岗位。这往往是企业需求与职场人工作能力不匹配的表现。只有职场人的工作能力与企业的需求匹配，职场人的价值才能够充分发挥出来，职场人才能更快地实现职场进阶。

2.稀缺性

除需求匹配外，职场人的稀缺性是促进其职场跃迁的另一个关键要素。

以沙漠中的水源为例，一瓶水在超市的售价只有几元，而这瓶水出现在沙漠中时，它可能会卖出天价。产品本身没有发生变化，变化的是需求，这就是需求匹配促进价值提升的具体表现。如果沙漠中从只有1瓶水变为有很多瓶水，那么水的价格可能会重新变为几元，这是因为它不再稀缺。

职场人的能力也是如此，与企业需求是否匹配决定职场人是否存在价值，而稀缺性则决定了职场人价值的大小。职场人拥有的能力越稀缺、越不可替代，其价值也就越大。

因此，为了更快地实现职业成长与职场进阶，职场人要从需求与稀缺性这两个关键要素入手，通过认知升级、思维拓展、挖掘自身优势等方式，提高自身的不可替代性。

1.2 VUCA时代，职业发展面临新环境

当前，我们已经进入VUCA时代❶。在这一时代，任何事物的变化速度都会加快，事物之间的联系将更加复杂。因此，这一时代对每个个体提出更高的要求。为了更好地适应VUCA时代，个人成长需要加速。

1.2.1 职场形态变化，开放和多元成为主流

随着时代的发展与技术的进步，人们获取信息的渠道增多，互联网等信息传播渠道使得人与人、人与物、物与物之间的联系变得更加紧密，社会变化的速度进一步加快。

在当今社会中，开放和多元成为主流。同时，越来越多思想开放的"00后"涌入职场。随着企业数字化转型的不断加速，以及产业升级的常态化，职场中的雇佣关系与就业形态也发生了深刻变革。多样化的职业选择与组织形态，使得职场呈现出开放、多元的特点。

在此背景下，企业与职场人都需要探索，如何在开放、多元的职场环境中使自身效能最大化释放。

---

❶ VUCA时代，即充满变数的时代。V是Volatility（易变性），U是Uncertainty（不确定性），C是Complexity（复杂性），A是Ambiguity（模糊性）。

对于职场人来说，日益多元化的社会使职场人能够探索除本职工作之外的兴趣、爱好或特长。越来越广泛的传播渠道以及越来越多样化的就业岗位，给职场人实现特长变现提供了广阔空间，职场人能够在职场之外拓展发展渠道，使得职场人更具活力。

对于企业来说，由于员工越来越看重职业发展前景，因此企业需要为员工提供广阔的成长空间与清晰的职业跃迁路径。这样才能更好地吸引人才，实现企业与员工的共同发展。

1.2.2 人才任用趋势转变，带来职业发展新机遇

VUCA时代，社会变动不确定性加剧的同时，发展机遇也在不断增加。其中，人才任用明显呈现出由唯资历到唯能力转变的趋势。

各行业、各领域通过深化人才评价、任用机制的改革，逐步突破传统的唯学历、唯资历的陈旧思想观念与体制机制障碍，建立起以唯能力论为导向的分类评价机制，使各类人才的能力都能够得到充分激发与释放，实现宏观层面的人才成长与行业进步。

建设不唯资历、唯能力的人才评价与任用体系，企业可以从设置鼓励性奖金、津贴入手。例如，企业可以设置技能等级，对员工进行技能等级考核，为不同技能等级的员工发放不同的奖金。需要注意的是，不同技能等级的奖金要合理，要能起到激励员工的作用，避免引起员工的不满。

许多企业都积极推动人才评价与任用体系的变革，例如，联想倡导不唯资历、唯能力，在项目执行与人才任用上，没有新老员工之分，而是要求所有

员工对自己的岗位目标直接负责，并关注企业整体目标的达成。

面对人才评价与任用体系变革，职场人需要不断提升自身的工作能力，与时俱进，不断学习。职场人可以充分利用这一体系，抓住发展与晋升的机遇，敢于争先，积极承担责任，在职场中实现快速成长。

1.2.3　复合领导力：多元化职场中的必备领导力

在多元化职场中，普通员工需要具备更强的工作能力，领导者需要具备复合领导力，成为复合型人才。为了取得更好的管理效果，领导者需要不断提升自身的复合领导力，将多种类型的领导力进行有机结合。

复合领导力由以下几点要素构成，如图1-3所示。

图1-3　复合领导力的构成要素

1.交叉化知识结构

在多元化职场中，科学而合理的交叉化知识结构是复合领导力的重要构成要素。高超的领导力需要以文、史、哲等人文社科知识为基础，以系统化的管理与领导知识为核心，以新兴智能技术为驱动力。一位具有高超领导力的领导应掌握行政管理知识、领导科学知识以及经济管理知识等。

作为团队、部门、项目的实际指挥者，领导者在职场中的重要性毋庸置疑。领导者的领导能力越强，团队的工作成效就越显著。交叉化的知识结构使领导者在面对各种问题时，都能够轻松应对并快速给出解决方案。同时，具备多领域知识的领导者还能够避免在职场进阶的过程中遇到掣肘，从而更加顺畅地实现职业成长。

2.多元化思维方式

想要具备复合领导力，领导者就要融合战略性思维、创造性思维、系统性思维，形成多元化的思维方式。

战略性思维指的是领导者能够从项目、部门、团队的整体发展层面思考问题，对发展趋势、发展目标、发展路径有着准确的判断以及清晰、透彻的了解，能够为项目、部门、团队的发展提出具有前瞻性的建议。

创造性思维指的是领导者具备一定的创造能力与开拓能力。在面对难以解决的问题时，具备创造性思维的领导者能够开辟新的局面，带领团队在新的领域获得成功。

系统性思维指的是领导者在思考问题时，能够从全局出发，注重整体效益。这样能够最大限度地避免工作中出现"盲点"，能够更好地发现问题的核心以及问题产生的原因，使问题得到更快速、高效的解决。

3.叠加型领导艺术

复合领导力是由多种要素构成的，因此，具备复合领导力的领导者，必须掌握叠加型领导艺术，使复合领导力的作用最大限度地发挥出来。叠加型领导艺术包括沟通艺术、激励艺术、协调艺术、用人艺术与决策艺术。只有对这些领导艺术有充分的了解并牢牢掌握，领导者才能在工作过程中充分发挥领导力，使团队得到更好的发展。

总的来说，随着时代的不断发展，职场中的普通员工与领导者都应当不断调整工作方式、工作思维与工作态度。在具有复合领导力的领导者的带领下，员工的价值能够最大化地发挥出来，实现自身与企业的共同成长。

职场跃迁的三大途径

实现职场跃迁，是大部分职场人职业生涯中的重要目标。下面将从尝试切换赛道、持续学习提升实力、成为赛道中的头部3方面展开，并结合具体案例为职场人实现职场跃迁提供方法论指导。

1.3.1 切换赛道，聚焦自身优势领域

在职业发展过程中，很多职场人都会面临较长时间内难以得到提升、发展受限的情况。此时，职场人需要认真思考：当前行业赛道或领域是否适合自己。职场人可以尝试切换赛道，找到更加适合自己的领域，以实现职场跃迁。

在尝试切换赛道，寻找更适合自身发展的领域时，职场人需要注意以下几个方面。

1.保持平稳心态，敢于迎接挑战

一般来说，切换赛道不可能毫无波折、一帆风顺。职场人需要充分做好心理准备，建立心理预期，以平稳的心态度过职业变动期。

切换赛道时，职场人往往需要适应许多从未接触过的新鲜事物，面临许多未曾遇到过的职业难题。此时，职场人需要给自己积极的心理暗示，例如，当前正处于职业上升期，偶遇挫折、进展缓慢是必经之路，只要尽快熟悉工作内容，抓住隐藏在挑战背后的机遇，就能够获得更好的发展。在辞职后更换新工作、调换新部门、学习新工作技能时，这样的积极心理暗示都适用。

2.明确职业发展目标，正确运用新鲜感

在职业跃迁过程中，新鲜感是一把双刃剑。它能够使职场人在切换职业赛道时快速进取与成长，在短时间内做出亮眼成绩。而当职场人对工作内容、流程足够熟悉，在工作中得心应手时，有时会丧失新鲜感和进取的动力，可能出现停滞不前的情况。

因此，职场人必须在工作中灵活且正确地运用新鲜感，利用新鲜感带来的动力，盘活工作资源，调动工作热情，提升工作效率。只有充分明确自身职业发展目标，正确运用新鲜感，职场人才能在切换职业赛道时快速适应新事物，并在新领域中不断深耕，获得职业成长。

3. 明确自身定位，实现个人价值

想要成功切换职业赛道，职场人需要对自身定位有清晰的认知，这样才能找准适合自身发展的领域。

想要明确自身定位，职场人需要深刻地自省，即明确自身优势、劣势，对职业跃迁的期望，对未来职业成长的规划等。这是职场人在尝试切换赛道之前，必须进行的准备工作。

1.3.2 持续学习，沉淀知识以求创新

持续学习，不断提升，是职场中永恒的主题。在各种高新技术飞速发展、时代飞速变化的当下，职场人更需要注意创新性学习与持续性进步，从而更好地适应时代变化，使自身具有更多的选择权。

首先，持续学习需要职场人立足本职工作，不断提升自身工作能力，这是职场人实现自我提升的基础。只有出色完成本职工作，职场人才能够在团队中脱颖而出，获取更多信任，获得更多工作机会。同时，立足本职工作，不断提升自身能力，也能够使职场人获得更多晋升机会，积累更多工作经验，使职场人能够快速在所处领域中崭露头角，获得一定的声望。

其次，持续学习需要职场人不断创新，探索工作中的新领域、新设备与新方法。随着技术的进步，大部分行业都引入数字化、智能化的工作设备与工作系统。例如，教育行业的智慧课堂、多功能教室，医疗行业的人工智能助手，制造行业的全自动生产线等。对新的工作设备、系统的持续性学习，是当今时代职场人必须把握的重点，否则就有可能被时代抛弃。

随着人工智能技术不断发展，许多人力工作都可以被人工智能代替，并且人工智能的应用成本将随着技术的进步而不断降低。尤其是工作内容具有重复性且技术含量较低的工作岗位，可替代性将会不断升高。因此，在持续学习的同时，职场人还要注重提升自身能力的稀缺性，避免被人工智能取代。

最后，持续学习需要职场人触类旁通、向外拓展，掌握更多新技能。职场人掌握的技能越丰富，能够选择的工作岗位就越多，实现职场跃迁的可能性也就越大。求职者找工作是一个与企业双向选择的过程，掌握更多工作技能的求职者，不仅能够给企业留下更加深刻、良好的印象，而且能够在双向选择中拥有更多主动权。

通过持续学习掌握更多工作技能，可以使职场人在遇到挫折或瓶颈时，能够从容地切换发展赛道，掌握自身职业发展的主动权。

1.3.3 头部策略，将自己打造为赛道头部

很多职场人都明白一个道理：同样的行业或领域，甚至同样的岗位，不同人的收入可能有很大差异，行业中的佼佼者，收入往往处于行业顶尖水平。在某一个赛道中占据头部地位，意味着职场人拥有极高的行业知名度，这将为其后续的职业发展带来更多机遇，以及更广阔的发展前景。因此，若想通过切换赛道实现职场进阶，职场人不妨先努力在一个赛道中成为头部。

那么，如何才能在一个赛道中成为头部呢？有以下几点可供职场人参考，如图1-4所示。

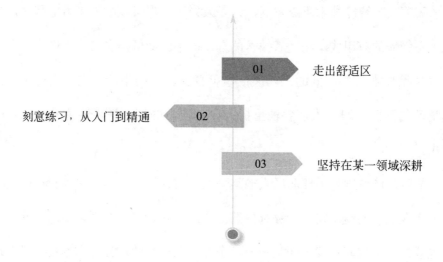

图1-4 在一个赛道中成为头部的方法

1.走出舒适区

无论处于何种行业,想要成为其中的佼佼者,职场人都需要高标准、严要求地约束自己。这就要求职场人必须寻求突破,不能安于现状、不思进取。

笔者曾与一位美发行业的从业者深入沟通,这位从业者表示,他们的日常工作十分规律,每天工作流程大体一致,在客户积累到一定数量,且自身技术达到一定水平后,就能够从普通技师晋升为资深或总监级别的技师。除了晋升的压力,他们的工作或日常生活中没有太大压力。这位从业者表示,他们中的大多数人并不想改变这种安逸的现状。从心理学的角度来看,这种安于现状的表现,源于他们沉溺于舒适区。

许多职场人可能都经历过这样的迷茫期:感觉处于当前工作岗位不能发挥出自身全部能力、对职业发展前景的预测十分悲观、对自身初期的选择持否定态度。最终，职场人在一次又一次辞职中迷失了发展方向。通常情况下，这种迷茫是他们宁愿选择逃避问题，也不愿走出舒适区造成的。

如果职场人在职场中得过且过、表现平平，那么他在遭遇挫折时就会消极对待，变得不堪一击。舒适区不仅会消磨职场人追求职场进阶的意志，还会限制职场人思维方式的升级。因此，走出舒适区，就成为职场人实现个人突破、跻身赛道头部的关键。

2.刻意练习，从入门到精通

勤奋努力已经成为老生常谈的话题。以实现突破为目标，付出勤奋与努力是必须的，但更重要的是，努力要有方向。盲目的努力不仅收效甚微，还有可能走上错误的道路，使得职场人与原本的目标渐行渐远。

正确的努力方向，需要以长时间的刻意练习为基础，从而实现从入门到精通。这一过程并不轻松愉悦，相反，这个过程一定是枯燥又乏味的。但是，如果想要在特定领域建立完善的知识体系，在专业上有所精进，职场人就一定要经历枯燥的练习过程。

例如，科幻小说《北京折叠》作者、雨果奖得主郝景芳，就是这方面的佼佼者。毕业于清华大学经济管理系的郝景芳，自从将写作定为自己一生的职业目标后，就未曾放弃过。即便白天上班占据了大量时间，她在晚上也会抽出时间写作，甚至在火车、飞机上，一有时间她就会写作。在经过了10年、超过1万个小时的刻意练习后，她最终获得了成功。

3.坚持在某一领域深耕

想要成为行业头部并不简单，不仅需要精通本职工作，还需要积累大量工作经验。积累工作经验是一个不断试错、挑战自我的过程，需要耗费大量时间、精力。因此，短时间内频繁跳槽、更换赛道，职场人很难获得更好的发展，坚持在某一领域不断深耕，才更容易实现职场进阶。

如果某位求职者在短时间内频繁跳槽，甚至跨领域跳槽，那么企业或用人单位可能会认为该求职者工作状态不稳定，专业技能可能存在欠缺。这样的求职者很难获得企业或用人单位的青睐。

如果职场人想要在一个行业中成为佼佼者，那么在同一领域的长时间深耕必不可少。对于想要实现职场进阶的职场人来说，确定自身职业目标后，脚踏实地地前行，是回报率最高的方法。

1.3.4　职场进阶案例：从普通员工到企业合伙人的蜕变

在毕业后的5年时间里，杨小姐经历了换城市、换行业、换身份的巨大变动：从家乡那个四线小城市到上海发展，从原本的销售行业进入传媒行业，从原本的普通员工成为企业合伙人。杨小姐在5年时间内实现了职场进阶，获得了巨大的职业成长。

杨小姐获得职场进阶的经验及其工作原则主要有如下几点，如图1-5所示。

1.立足本职工作，持续提升

不管从事何种职业，只有给企业带来价值，才有获得发展的可能。杨小姐表示，在5年的工作时间里，她目睹了多起企业辞退员工的事件，而这大多是由于员工的本职工作不够出色。

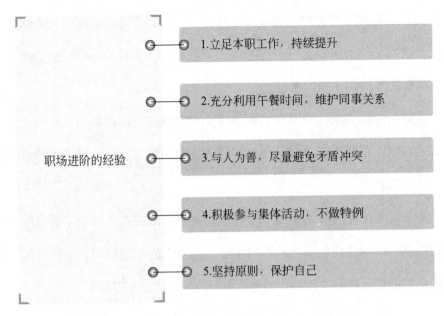

图1-5 杨小姐获得职场进阶的经验及工作原则

事实上,企业在招聘员工时,十分注重员工的"性价比",即员工为企业创造的价值与其获得的薪资待遇是否匹配。这是由于企业经营发展的最终目的是获取利润,若员工不能为企业带来与其薪资相匹配的价值,那么企业极有可能选择辞退员工。

因此,为了获取更优厚的薪资待遇、更多的晋升机会,员工就需要具备过硬的工作能力。员工在出色完成本职工作的前提下,还需要不断学习,提升工作能力,使自己能够胜任更高级别的工作。

2.充分利用午餐时间,维护同事关系

在职场中,午餐时间是职场人与同事、合作伙伴联络感情、培养友谊的宝贵时间。杨小姐表示,初入职场时,她是在家乡从事销售工作。在工作期间,每天中午她都会与同事一起吃午餐。用餐过程中的社交较为轻松,同事

间的交流会减少许多顾虑。通过日积月累，杨小姐与同事之间建立起深厚的友谊，彼此之间的工作配合也越来越默契。这为杨小姐从业绩垫底的新人到成为销售冠军提供了极大帮助。

良好的同事关系，使同事之间能够实现信息与资源的共享。在开展跨部门的业务时，职场人能够在最短的时间内获得同事的支持，使工作能够更加顺利地推进。

午餐时间同样能够用来维护与合作伙伴之间的关系。利用午餐时间与合作伙伴联络感情、洽谈事宜，不仅不会耽误双方的下班时间、工作时间，还更容易拉近彼此之间的距离，为日后的合作打下良好的基础。

3.与人为善，尽量避免矛盾冲突

与人为善是维持良好的同事关系的重要方式。当同事向我们寻求帮助时，在不耽误自身工作的情况下，我们应尽量为其提供帮助。这样在我们开展需要协作的工作时，就更容易获得他人的帮助。相反，若在工作中经常对同事的请求不闻不问、态度冷漠，那么同事必然对我们产生不良印象，长此以往，将会严重影响工作的开展。

4.积极参与集体活动，不做特例

集体活动是同事之间、领导与员工之间互相了解的重要窗口。如果某个员工对于集体活动总是不配合，或者经常迟到、缺席、因个人原因耽误集体行程等，就会给其他同事以及领导留下负面印象。

工作中的许多问题都需要同事之间互相协作来解决，如果某个员工已经给大部分同事留下负面印象，那么其在工作中就很难得到别人的帮助、配合。而积极参与集体活动，不做特例，是职场人在职场中打造正面的个人形象的重要手段。

5.坚持原则，保护自己

在职场中，坚持原则是职场人保护自己的最好方式。这里的原则既包括为人处世的原则，也包括职业道德底线原则。前者能够帮助职场人走得更远，而后者能够避免职场人被行业淘汰。例如，拿回扣、做假账、利用裙带关系上位等行为，不仅触犯职业道德底线，还会触犯法律，使职场人彻底丧失职业前途，甚至面临牢狱之灾。

以上5点内容，是杨小姐在5年时间内，实现从普通员工到企业合伙人的职场进阶的重要经验。只有保持积极进取的端正态度，以充足的干劲做好本职工作，并且不断拓展职场人脉，捕捉发展机遇，职场人才能够在职场中脱颖而出，成功实现职场进阶。

第 2 章
时间管理：高效能输出结果

如何在相同的工作时长内更高质量地完成工作任务，输出更多工作结果，从众多普通员工中脱颖而出，是许多职场人关注的重点问题。本章将从时间管理出发，从任务目标完成法则、时间分配法则、专注力法则、高效率法则4个方面入手，为职场人提供高效能输出结果的指导性方案。

任务目标完成法则

清晰且明确的目标是职场人高效工作的前提，是保障工作方向正确、提升工作效率的关键。以工作目标为导向，能够有效避免职场人在无意义的事项上浪费时间。

2.1.1　6点优先工作法：让效率翻倍

6点优先工作法，是美国著名的管理学家和效率专家、被称为公共关系之父的艾维·李为一家濒临破产的钢铁公司提供的高效率工作方法。在这一工作方法的指导下，这家公司用了5年时间，从一开始的游走在破产边缘，一跃成为所在国家最大的私营钢铁公司。

艾维·李认为，如果一个人在一天的工作中能够高效且优质地完成6件重要的事，那么他就是一位高效率的工作者。他提出的6点优先工作法的核心在于，每天开始工作之前，职场人可以先列出今天需要完成的6项重要的任务，再通过仔细考量，按任务的轻重缓急与重要程度，从1到6对其进行标号。开始工作后，职场人需要全力以赴完成第1项任务，然后全力以赴完成第2项任务，以此类推，在一天的时间内将这6项任务全部完成。

在施行6点优先工作法时，还需要注意以下几点内容。

（1）找出并总结所列举的几项工作之间的关联性，并按工作性质进行区分，标注出具体工作内容，以及与其相关的人员、部门等，方便后续工作的开展。

（2）一些常规性的工作任务，如整理文件、图纸等，通常持续时间较长，涉及内容较多，职场人可以将其进行整体规划，合理分摊到多日工作安排中，并把控好任务的进度。

（3）在工作过程中，职场人要注意培养留存信息的意识，对每项工作都实时留痕，并以书面的方式与其他同事交流。这样当任务中的某一环节出现问题时，便能够快速溯源，迅速定位出现问题的环节，厘清责任，快速解决问题。

（4）对于已经完成的工作任务，职场人要及时将完成任务的流程、方法、注意事项等记录下来，在日后出现同类型工作任务时，能够作为重要的参考依据。

（5）建立完善的问题回复体系与制度。当工作任务需要同事之间互相协作、配合完成时，若一方处理不及时，就很有可能拖慢整个团队的工作进度。因此，需要建立相应的制度对此种情况进行约束，杜绝拖延与互相推诿的情况，提高工作任务的推进效率。

6点优先工作法为职场中职场人的行为设定了明确的方向，使其能够在目标的指导下开展工作，有助于其合理安排工作时间。该工作方法还能够使职场人更加便捷地跟进任务进展，审视自身工作效率，使职场人将重心从流程转移到成果上来，全面提升工作效率与工作水平。

2.1.2 目标导向法：定目标＋定计划＋分配时间＋执行

目标导向法就是对目标的制定与执行实行"4步走"战略，即确定具体目标、制订相应的计划、分配时间来完成计划、有针对性地执行计划。职场人在制订计划与实行计划时，需要围绕大方向展开，高效达成目标。

不管身处什么行业、领域，需要完成什么任务，职场人都需要率先明确目标导向与底层逻辑。只有在清晰的目标的指引下，职场人才不会在完成目标的过程中感到迷茫。

例如，想要从事插画工作，职场人就需要预先了解插画师的市场需求，以及不同风格的插画师的受众市场等。在有了充分的了解与准备后，职场人就需要确定方向与目标，如在3～5年时间内成为商业插画师。确定方向与目标后，职场人需要制订可行的计划来实现目标，如定期学习厚涂、板绘、上色，在未来几个月内能够独立产出作品，参加哪一类的比赛来不断精进水平等。

没有目标的努力是盲目的努力。目标导向法的本质就在于坚定地围绕目标开展工作，一步步地细化并拆解目标，对执行计划的细节不断完善，最终达成目标。

时间分配法则

时间是单向流动的，无法停止、代替或储存。同时，时间也是平等的，每个人每天的时间都是24个小时。时间分配的不同，在很大程度上影响着每个人取得成就的不同。因此，运用科学的时间分配法则，能够帮助职场人提高效能，取得更多优异成果。

2.2.1　二八时间分配法：为重要活动分配大部分时间

经济学家维尔弗雷多·帕累托指出，任何事物中起到关键作用或决定性作用的内容只占一小部分，约为20%；其余的80%尽管占比较大，但只能起到次要、非决定性的作用。该理论被称为"二八法则"，也叫帕累托法则。

二八法则的应用范围十分广泛，在时间分配上同样适用。在《时间管理》这本书中，吉姆·斯特芬提到，既然起到关键作用的内容仅来自20%的行为，那么就应当将大部分精力投入关键性项目中。这就是二八时间分配法的本质——为重要活动分配大部分时间。

任何任务或目标在经过拆解、细分后，其中的各细分事项都能被分出轻重缓急不同层次。应用二八时间分配法，职场人能够在工作中达到事半功倍的效果。

在工作中应用二八时间分配法，职场人需要具备分清主次、抓住主要矛盾的能力。只有这样，职场人才能够避免出现花费大量时间却难以推进任务、完成目标十分困难等情况。

2.2.2 职场新人的时间管理法

初入职场，许多人都会感到茫然或无所适从。面对繁杂无序且难以处理的工作，职场新人极有可能面临这样的情况：辛劳地忙碌一天，仍有许多任务没有完成，也没有获得理想的工作成效，难以得到上级领导的认可。

只有不断积累工作经验，在不断学习中提升工作能力，职场新人才能实现进阶，游刃有余地处理各项工作。职场新人可以通过使用一些有效的时间管理方法（图2-1），快速适应职场节奏，全面提高工作效能。

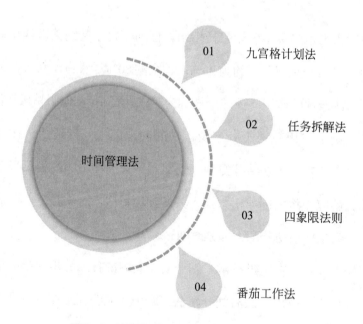

图2-1 职场新人可使用的4种时间管理法

1.九宫格计划法

九宫格计划法是一种同时计划生活与工作目标，最大限度地寻求生活与工作之间平衡的时间管理法。对于每个人来说，生活与工作都十分重要，维持二者之间的平衡不仅能够使个体获得更加充分、全面的发展，还能够使计划更容易坚持下去。

该时间管理法的具体执行方式为：在每个月的月初或月末制作一张九宫格表格，在不同的空格中，填入本月对自己最重要9个发展方向，如事业、家庭、健康、心理、休闲、学习、人脉拓展、理财、情感等。根据具体情况的不同，每个个体都可以对九宫格中的内容进行灵活调整。

随后，在九宫格的每个发展方向上，依次填入本月计划完成的重要事项。例如，事业上，独立完成并交付2个项目；家庭上，每周与家人通3次电话；健康上，每周3次30分钟以上的健身活动；心理上，每天入睡前进行10分钟的冥想；休闲上，每周和朋友外出聚餐一次；学习上，当月读完2本专业相关书籍；人脉拓展上，参与一次行业交流会议；理财上，学习基金相关基础知识；情感上，参加2次社交活动。

这一时间管理法能够帮助职场新人快速树立目标意识，使其有计划、有目标地开展工作、经营生活。职场新人应灵活运用这一时间管理法，可以以月份为计划周期，还可以以周或日为计划周期，高效利用时间。

2.任务拆解法

许多职场新人工作效率低下、时间管理能力差的一个重要原因，就在于大部分工作对他们来说都较为困难，他们不知道该从何下手。在这种情况下，职场新人很容易拖延，使困难的工作不断堆积，工作压力不断增大。

在面对难度较大的工作时，职场新人可以运用拆解的方式，将一项困难的工作拆分成许多个小任务。例如，工作任务为跟进某一项目，职场新人可以从项目前期准备、项目中期运行与监督、项目后期收尾与验收等方面入手，按照一定的逻辑顺序将工作拆分为多个小任务，再逐一击破。

完成对困难工作的拆解后，职场新人还需要对各项小任务排序，率先完成优先级较高、对后续工作开展有影响、难度较大的任务。这样能够有效避免工作后期可能出现的拖延问题。

3.四象限法则

四象限法则就是将工作中的所有任务按4个标准划分：第一象限，重要且紧急的任务；第二象限，重要但不紧急的任务；第三象限，不重要但紧急的任务；第四象限，不重要且不紧急的任务。划分的结果能够为职场新人确定工作任务的处理顺序提供参考。

第一象限中的任务具有影响上的重要性与时间上的紧迫性，并且不能拖延也无法逃避，因此，职场新人需要优先处理这一类任务。

第二象限中的任务虽然较为重要但是并不紧急，不过职场新人仍然需要注意时限，可以在处理完第一象限的任务后，尽快处理这一类任务。通常情况下，重要但不紧急的任务处理起来需要一定的时间，在处理这类任务前，职场新人可以先制订一个计划，按照计划的时间节点开展工作。

第三象限的任务往往具有一定的欺骗性，即表面上看起来十分紧急，事实上并没有太大的意义。职场新人可以视自身时间安排，在空闲时处理这一类任务。

第四象限的任务多是琐碎的杂事，且技术含量低，职场新人可以暂不处理。

按照四象限法则来划分工作，能够保证职场新人充分利用有限的时间与精力提高工作产能与效率。

4.番茄工作法

这一时间管理方法需要职场新人设定一个番茄时间，通常为25分钟。在番茄时间内，职场新人需要专注于工作，中途不能做任何与当前工作无关的事，如接打电话、回复消息等。直到这一番茄时间结束，职场新人才能进行短暂休息，休息时间通常为5分钟。如此循环，在4个番茄时间后，职场新人就可以进行一次时间较长的思想放松，来缓解自身在番茄时间内紧绷的状态。

在应用这一时间管理方法时，职场新人需要注意以下几点。

（1）每一段番茄时间都不可分割，只要开启了一段番茄时间，就必须坚持到底。若中途间断，这一段番茄时间就作废。

（2）在一段番茄时间内，若有临时、不紧急、不需要马上处理的工作任务需要职场新人完成，职场新人可以将该任务简单记录下来。在当前番茄时间结束后，再依据四象限法则对任务进行归类与安排。

（3）在开展工作之前，职场新人可以对任务需要耗费几段番茄时间进行预估，这样能够保障计划的执行效果。如果预估完成某项任务的时间超过5段番茄时间，职场新人就可以将此任务拆解。

（4）职场新人要充分重视休息时间，不能忽视番茄时间后的休息。只有劳逸结合，职场新人才能更好地坚持下去。

（5）在制订计划时，职场新人不能将工作安排得过满。若是将8个小时的工作时间全部排满工作，那么如果出现紧急任务，计划便会出现纰漏，甚至作废。留出部分空余时间，不仅能够用来处理紧急任务，还能够使职场新人有时间总结与沉淀经验，在持续输出的过程中保持输入，实现职业成长。

职场新人入职初期的每一天都是十分重要的。职场新人可以灵活运用不同的时间管理方法，仔细规划每一个工作日、每一项工作，这样才能够在入职初期就迅速成长，脱颖而出，得到上级领导的认可，获得更多的发展机遇。

专注力法则

在明确工作目标、选择恰当的工作方法后，职场人还需做到在工作过程中保持专注。只有保持专注，工作时间才能够得到高效且充分的利用，实现工作产出最大化。

2.3.1　15分钟效率法则：排除干扰，拒绝拖延

在日常工作中，许多职场人都会面临一大难题——拖延症。许多职场人

习惯于将一项待办工作拖到交付时间的最后一刻才去完成，用后期的超高效率来弥补前期的拖延。这样的工作习惯非常不好。

在开始工作之前，许多已经养成拖延习惯的职场人会先做一些与工作无关的琐事，如浏览新闻网站、查看邮箱或微信消息、玩几局小游戏等。这往往会导致职场人很难快速进入工作状态，有的职场人甚至在上班几个小时后，才匆忙开始一天的工作任务。仓促的时间极有可能降低工作质量，如此循环往复，职场人难以实现职业成长。

因此，排除干扰、拒绝拖延，成为有拖延习惯的职场人提升自身工作效率的努力方向。15分钟效率法则能够帮助职场人集中注意力，有效摆脱拖延症。

15分钟效率法则的应用方法为：首先，职场人选定一项待办工作，并明确该项工作的目标；其次，排除所有可能干扰自身专注力的外界因素，确保自身在15分钟内处于免受外界干扰的状态；再次，不受干扰且不间断地连续工作15分钟，保持高效的工作状态；最后，15分钟后，回顾自身工作状态，判断工作状态是否良好或是否能够坚持，若状态不佳或难以坚持，则先暂时放弃这项工作，在调整状态后再次尝试。

通常情况下，单线程地工作15分钟或15分钟以上，职场人会沉浸在工作中，也更有动力。就像阅读一本书，在刚开始阅读时我们很可能会心浮气躁，但在沉浸式阅读几章内容后，我们就会静下心来，并对后续内容产生更多兴趣，想要尽快读完。工作也是如此，在保持良好的状态工作一段时间后，职场人就会想要专注且快速地完成全部工作。

15分钟效率法则能够帮助职场人在15分钟内逐步沉淀情绪，进入工作状态。这一法则并不要求职场人在一项工作之初就100%进入高效工作的状态，而是循序渐进地提升。这样不仅更加容易坚持，还能使职场人消除畏难情绪，以更加轻松的心态工作。

2.3.2　1万小时定律：持续不断地专注

著名作家马尔科姆·格拉德威尔在其著作《异类》中提到："人们眼中的天才之所以卓越非凡，并非天资超人一等，而是付出了持续不断的努力。1万小时的锤炼是任何人从平凡变成超凡的必要条件。"这一定律被称为1万小时定律，其本质在于，若想在某领域获得成就、成为专家，我们就必须付出超过1万个小时的努力。

心理学界也对相关问题展开了研究，并得出大致相同的结论，即大量的练习是能够胜任复杂任务的前提，成就＝才华＋反复练习。并且，随着职业发展，天赋能够起到的作用就越有限，后天的努力变得更加重要。

这为职场人提升自己的专注力提供了方法论指导。若想在自己选定的发展赛道中成为佼佼者，职场人就必须专注于这一赛道。

然而，从某个角度来看，1万小时定律并不是在任何时刻、场所、领域都能够奏效。例如，有些职场人每天任劳任怨地工作，勤勤恳恳，从不懈怠，然而1万小时定律不仅没有让他们成为专家，反而限制了他们的技能拓展，他们难以实现职场进阶。

这是因为不是每一个人践行1万小时定律的方式都是正确的。例如，有的人开车10年，仍然不能成为一名赛车手；有的人炒股5年，仍然不能成为股市高手。原因在于，1万小时定律的核心并非时间的堆砌，而是专注。

职场人要专注于行业，专注于方向，专注于领域，让1万小时中的每一分钟都是有效的。此外，职场人在每一次练习时都要努力突破舒适区，在巩固已掌握的技能的同时，还要对技能进行优化与拓展。

例如，一名跑步爱好者的平均水平是1个小时跑完10公里，那么1个小时跑8公里就属于他的舒适区水平，而1小时跑完15公里就属于他的恐慌区水平，这一水平是短时间内无法达到的。舒适区与恐慌区之间是最佳学习区，只有专注地在这一区域内反复练习，这名跑步爱好者才能取得重大突破。

因此，为了成为特定领域的专家，职场人不仅要遵循1万小时定律进行大量练习，还需要刻意练习，将自身的不足之处转化为优势，并通过不断练习将学习区转化为舒适区、恐慌区转化为学习区，逐步发展成为领域中的佼佼者。

2.4 高效率法则

工作高效率产出，是时间管理的目标。在工作过程中，通过计算单位时间产出、为重复性工作建立模板等方式，职场人能够进一步提升自己的工作效率。

2.4.1 计算单位时间产出

若要提高工作效率，职场人就需要先对目前的工作效率有清晰、明确的判断。对单位时间的产出进行计算，是职场人判断工作效率的重要方式。

行业不同，对单位时间产出的具体计算方式也不尽相同，但计算单位时间产出的底层逻辑是一致的，即产出除以所耗费的时间。由此公式可知，为了尽可能地提高产出效率，职场人需要在有限的工作时间内增加产出，以及不断提高工作效率，缩短完成工作任务的时间。

然而，并不是所有的产出都能够量化并进行计算。例如，教师的产出是向学生传授知识，虽然都是完成固定的课时，但是有的教师教学质量高，而有的教师教学质量低，二者的产出不一致。

并且，同一劳动者完成的不同工作任务，在技术含量上也有明显区别。若一项工作任务技术含量较高，所耗费的工作时间可能更多，单位时间产出较少，然而这并不能证明劳动者的工作效率低。

因此，在对单位时间产出进行计算时，职场人要综合考量多方面因素，如工作难度、技术含量、工作性质、有无合作等，以便客观计算自己的单位时间产出。

2.4.2 为重复性工作建立工作模板

大部分职场人的日常工作中都会包含一些重复性工作。例如，写工作总结、制作PPT等。为重复性工作建立工作模板，将已经被证实的成功的工作经验进行复制，就能够大幅缩短工作时间，有效提高工作效率。

为了实现这一目标，首先，职场人需要对何种工作能够建立工作模板进行判断。例如，撰写工作日志、项目报告、发言稿等文字编辑类工作，具有重复性，能够通过建立工作模板简化工作流程。在开展工作前，职场人需要先确定即将开展的工作是否为重复性工作，然后有针对性地采用不同的工作方式来提高效率。

其次，职场人需要注重工作过程中的经验总结。丰富的经验是建立工作模板的前提，成功的经验能够为建立工作模板提供底层支撑，使模板不断完善，而失败的经验也能够为建立工作模板提供参考，避免在后续工作中出现相似的问题。

经验的总结还能够使职场人形成一套独特的工作体系与模板。通过不断探索与反复验证，成熟且独特的工作技巧可以使职场人在团队中脱颖而出，获得更多发展机遇。

最后，职场人需要不断完善工作模板，并积极运用。工作模板需要具备适用性强、步骤清晰、内容明确等特点，职场人要对工作模板进行实时调整，通过不断筛选、过滤与更新，使其始终保持高度先进性以及与自身的契合性，在遇到重复性的工作任务时，能够迅速应用模板。若模板的适用性差，那么职场人应用模板时反而需要额外花费时间进行调整，不仅不能提高效率，还增加了工作量。

经验是职场人宝贵的财富，正确总结经验，将经验转化为工作模板，可以将工作中的重复性流程省略掉。这将为后续工作的开展提供极大便利，使职场人在工作中越来越得心应手。

第3章
沟通谈判：提升职场软实力

除了工作技能等硬实力外,职场软实力的重要性也不容忽视,是职场人实现职场进阶必须具备的。而沟通与谈判,是职场中最常用、最有效的软实力。

沟通:信息交流,建立感情

在职场中,沟通是必不可少的环节,销售产品、推进项目、与他人合作、争取晋升机会等事项,都需要大量的沟通。同时,沟通也是促进职场人与各工作环节相关人员进行信息交流、建立感情的手段。因此,如何与他人有效沟通,就成为职场人应当关注的重点问题。

3.1.1 时机:及时沟通,避免变动

在沟通时,沟通的"双效",即高效与时效,十分重要。注重沟通的时机,及时沟通,避免变动,是有效沟通的重要前提。

沟通的高效与时效,包括发现问题、提出问题、修改意见、准备沟通等环节的及时、高效。若职场人错过了恰当的沟通时机,或在沟通过程中拖延,就很容易发生沟通失效、项目或工作出现较大失误的情况。因此,职场人需要时刻保持"双效"的意识,预估可能出现的问题,积极与他人沟通,避免错过最佳沟通时机。

为了实现高效沟通，准确把握沟通时机，职场人需要根据沟通对象的不同选择不同的沟通方式或沟通技巧，使沟通效果最大化。在职场中，职场人面对的沟通对象主要有以下3种类型。

1.同事

大部分情况下，职场人与同事沟通是为了寻求合作，通过与同事配合实现工作产出最大化，最终实现工作目标。在组成团队后，各团队成员之间要达成共识，形成一致的工作目标并为之努力，而这需要通过沟通来实现。

团队成员需要通过沟通对协作范围与任务分工进行协商，明确各自的职责，并约定监督机制与奖惩措施，以保证团队的稳定与和谐。当协作过程中遇到问题时，团队成员也需要及时沟通，以解决问题，确保团队整体能够保持积极的工作状态。

2.上级领导

普通员工在工作过程中常常需要向上级领导汇报工作，反馈工作情况以及问题。为了实现与上级领导的高效沟通，职场人需要注意以下几点。

（1）在和上级领导沟通时，职场人需要站在企业整体大环境与维护集体利益的角度上思考问题。这样更容易理解上级领导做出的决定，了解分配给自己的工作任务的意义，有利于与上级领导达成一致，提高工作效率。

（2）在完成工作任务的过程中，职场人要与上级领导保持沟通。当任务推进遇到问题时，职场人不能因为害怕被问责而逃避向上级领导汇报。若问题一直得不到解决，那么很有可能会发展到需要付出成倍代价才能挽回损失的地步。

只有上下层级之间及时交流，抓住问题重点，才能保证沟通的高效与有效。高效的沟通能够提高解决问题的效率。

（3）在某些问题上，职场人不能一味向上级领导妥协，否则可能会导致工作任务反复修改，使完成工作所耗费的时间大幅增加。职场人也不能向上级领导做出难以兑现的承诺，这会增加后期的沟通成本，也是对本职工作不认真、不负责的表现。

3.客户

大部分行业都有销售产品的需要，一小部分行业即使无须进行产品推销，也离不开与客户沟通。

为了实现与客户的高效沟通，职场人需要做好充分准备，明确客户需求，在沟通过程中为客户推荐符合其需求的产品，减少沟通过程中的人力资源与沟通成本消耗。同时，充分的准备能够给客户留下良好的印象，有利于后续合作的顺利开展。

与客户沟通时，职场人还需要注意沟通方式。在意向确定阶段，通过短信或电话进行沟通较为高效；当出现分歧时，则需要通过面谈的方式来达到更好的沟通效果。

3.1.2 表达：自信大方，据理力争

在沟通的过程中，清晰、明确地展现出个人的观点与意见十分重要。自信大方、据理力争地表达，是沟通获得成功的关键技巧。这就要求职场人在

与他人沟通时,条理清晰地阐明自身观点、观点来源、自身所具备的条件、自身观点的优势等。同时,如果职场人需要其他参与者提供某些方面的支持,也需要提前讲明,以便参与者进行思考与权衡。

想要自信大方、据理力争地和他人沟通,职场人需要重点关注以下3个方面。

(1)在沟通前,职场人要预先对将要讨论的问题进行仔细分析,从问题的本质与可行性方案等方面出发,为接下来的沟通做好充分准备。这能够提高沟通效率,也能够体现出职场人认真负责的工作态度。

(2)在沟通过程中,职场人需要清晰、简明地阐述问题的本质与自身观点、方案等,并和其他参与者讨论,倾听他们的意见。当其他参与者与自身的观点在方向上保持一致,但在细节上存在分歧时,职场人需要及时与其他参与者就相关细节进行探讨,最终达成一致意见。

当其他参与者与自身观点不一致,甚至完全相左时,职场人需要在充分理解他们观点的前提下,自信大方地表达自身观点,通过摆事实、讲道理、充分展示自身观点的来源与合理性等方式,努力争取其他参与者的支持,说服其改变想法。

(3)在沟通结束后,职场人需要根据沟通结果,调整或制定解决问题的方案,并在约定期限内完成方案。在方案实施的过程中,职场人还需要与其他参与者保持联系与沟通,向其反馈方案实施的进程与效果。

总的来说,在针对日常工作或特定项目进行沟通的过程中,职场人需要自信大方、据理力争地表达,逻辑清晰地阐明自身观点,展现出对问题的思考,努力说服他人,使他人接受自己的意见。这样才能使沟通获得成效,提高工作效率，推动工作或项目顺利开展。

3.1.3 说服：利益绑定，循序渐进

每个人都是一个独立的个体，价值观、兴趣点、关注的利益重点与他人都可能有明显的不同，因此每个人被说服的影响要素也各不相同。

通常情况下，我们会根据自身的体验与经验，剔除或忽视那些与自身要求不符的信息。体现在沟通中，就是有选择性地收集能够支撑自身观点的论据。因此，缩小参与沟通的各方在看法与认知上的差距，就能够在很大程度上减少矛盾与冲突。这就要求职场人在沟通时，要了解各方的共同利益。在沟通的过程中，寻找各方的共同利益，找到各方利益的结合点，这就像很多人共同制作一个蛋糕，并将蛋糕做大的过程。当蛋糕足够大时，各方都能够分得满意的份额。

为了成功沟通，职场人还需要进行利益绑定，循序渐进地说服对方。每个人都更加重视自身的利益与发展需求能否得到满足，在沟通的过程中，难免会出现各方利益冲突的情况。此时，各方必然更加偏向于维护自身利益，这非常不利于沟通的顺利进行。

将各方的个人利益变成与他们息息相关的共同利益，将各方利益绑定，就能够解决这一问题。

那么，如何实现利益绑定，促进个人利益向共同利益转化？

首先，需要强调各方发展目标的一致性。沟通往往建立在双方或多方开

展合作的基础上,那么各方就存在实现共同发展这一共同利益。在沟通时,职场人要着重向对方强调共同利益,将个体的利益与整体的发展联系在一起,让其感受到个体利益的实现离不开整体的成功。

其次,要实现利益绑定,还需要注意心理与表达上的循序渐进,不可操之过急,否则很有可能产生相反的效果。

职场人需要充分了解参与沟通的各方的心理活动,避免采用强制性、命令性或过于极端的语气与表达方式。作为沟通的主导方,在发表意见时,职场人需要引导其他参与者充分表达自身真实的想法与观点,这样职场人才能够了解其他参与者的心理活动,在沟通中"对症下药"。

在具体实践中,职场人可以从以下两个方面入手,促使其他参与者说出肺腑之言,如图3-1所示。

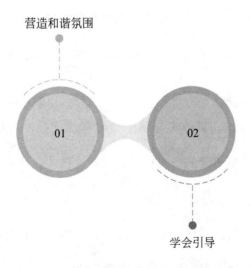

图3-1　如何让其他参与者说出肺腑之言

1. 营造和谐氛围

营造和谐氛围有利于消除其他参与者心中的顾虑，使参与沟通的各方之间形成信任关系。这样可以促使其他参与者毫无保留地说出自己的想法，为合作的开展提供新思路。

职场人在与其他参与者交谈时，不能直接批判或反对他人的观点。对于其他参与者提出的新思路，职场人要仔细倾听、充分重视，并予以讨论，以提升整个合作项目的创新性。

2. 学会引导

职场人要学会引导其他参与者积极发表意见与观点。这并不是特别难，除了提问等语言行为外，职场人还可以加入一些非语言行为，如眼神接触、某个放松的姿势、某种友好的面部表情等。

与他人沟通是一门学问。职场人不仅要营造和谐氛围、学会引导，还要对其他参与者所发表的观点表示出强烈的兴趣，给予其理解、尊重，认真地倾听他人发言。

职场人应该多站在其他参与者的角度考虑问题，与其他参与者耐心沟通，不要忽视其他参与者的个人利益诉求，这样才能让其他参与者感觉到职场人和自身存在共同利益。

通过强调共同利益，其他参与者独善其身的想法会有很大改变，能把个体利益与共同利益联系在一起，沟通中遇到的问题与阻碍会减少。

3.1.4　反驳：公开支持，私下质疑

在沟通的过程中，出现分歧、被他人反驳是十分常见的现象。如何正确处理沟通过程中的分歧与反驳，是职场人需要重点考虑的问题之一。

面对其他参与者的反驳，职场人需要坚持"公开支持，私下质疑"的原则。这是出于对其他参与者的尊重以及沟通技巧方面的考虑。

从尊重其他参与者的角度来看，若职场人由于意见相左而与其他参与者针锋相对，或者得理不饶人，坚持要求其他参与者改变想法，这极有可能引起其他参与者的逆反心理，最终导致沟通失败，甚至导致双方之间的友好关系破裂。

因此，在面对分歧或反驳时，职场人需要在沟通现场表达对该意见的理解与支持，并与提出不同意见的参与者及其他参与者针对这一意见进行充分讨论，以彰显对提出意见的参与者的尊重。在会议或讨论结束后，职场人可以与提出不同意见的参与者进行私下交流与沟通，力争使其改变想法。

从沟通技巧的角度来看，公开支持、私下质疑的沟通方式，能够使职场人迂回达成沟通目标。公开质疑其他参与者提出的不同意见，不仅有可能导致沟通陷入僵局，还可能由于持不同意见的参与者抱团或人数较多等原因，直接导致沟通失败。若职场人在沟通现场先对不同意见表示支持，并表明会在考虑后进行二次沟通，则为下次沟通留有余地，更容易成功达成沟通目标。

需要注意的是，公开支持其他参与者提出的不同意见并不意味着全盘接

受其意见，也不意味着被说服。职场人公开支持其他参与者的不同意见需要留有余地，既表示对不同意见的理解，又坚持自身意见不动摇，这样才能够开展下一步说服工作。在私下质疑时，职场人不能咄咄逼人，而应通过事实与道理说服对方，使沟通在和谐、友善的氛围中顺利进行。

3.1.5　倾听：保持真诚，适时反馈

部分职场人在与他人沟通时，更热衷于滔滔不绝地表达自身意见，本来应该由其他参与者主导的环节，却变成了职场人的个人秀。最后等其他参与者发表完观点，职场人随意敷衍一句就结束了对话，这样的结果就是沟通没有效果。因此，职场人也要学会倾听，让其他参与者充分表达自己的意见和想法，从而保证沟通的效果。

在倾听过程中，职场人需要注意以下几个要点。

（1）传达共情，换位思考。共情是沟通中非常重要的技巧，毕竟每个人都希望对方能用心倾听自己表述，并站在自己的角度上思考问题。共情式倾听需要职场人转变以自我为中心的思考问题的视角，以其他参与者为中心，投入其他参与者所创设的情境中。共情式倾听还需要职场人放下偏见与固有看法，避免因为自身倾向性的引导而对其他参与者的意见产生固化的看法。

（2）适时回应，表达尊重。在沟通的过程中，职场人不能"唱独角戏"，也不能让其他参与者"唱独角戏"。在倾听其他参与者的意见或看法时，职场人要积极回应。回应不同于反馈，反馈是提出解决办法，而回应则是为了

继续获取信息。

例如，在倾听其他参与者发表看法时，如果某些细节没有讲清楚，或自己没有听清楚，职场人可以在讲话停顿时询问。如果遇到了自己比较感兴趣的话题，职场人可以在其他参与者讲完时深入地了解。另外，职场人还可以回答一些语气词作为回应，如"嗯""对""是啊"等。这样既能让其他参与者感受到职场人确实在认真倾听，又能让谈话顺利进行下去，有利于职场人获取更多的信息。

（3）通过倾听捕捉关键信息。倾听的主要目的是理解其他参与者表达的看法。准确了解其他参与者的心理、明确关键信息是沟通有效开展的关键。

具有沟通软实力的职场人会将思考融入沟通中，他们会不断搜寻其他参与者提出的问题的矛盾点以及核心要点，明确对方对事情的看法。在对方表达完后，第一时间发表中肯的意见。如此一来，不仅会使沟通变得更加顺畅，还会获得其他参与者的好感与尊重。

谈判：在谈话中占据主导地位

谈判与沟通往往相伴而行。不过，与沟通相比，职场人在与他人谈判时，通常以最大限度地维护自身利益为目标。为了达到预期目标，职场人要灵活运用多种谈判方式，在谈判中占据主导地位。

3.2.1 坚守底线，施以小惠

在谈判时，坚守底线同时施以小惠，是一种十分有效的谈判技巧。

例如，当职场人确定对方有较强的成交欲望，但又犹豫不决时，可以适时亮出自身底线，表明自身能够接受的最大让步。亮出底线能够表明职场人的立场，也能够避免对方继续"讨价还价"。若对方成交意愿足够强烈，那么在职场人亮出底线后，对方很大概率会立即结束谈判，与职场人达成合作。

职场人需要注意，底线施压的策略一般适用于谈判后期，此时职场人已经与对方就多方面条件达成了共识，谈判成功的概率较大，此时亮出底线，更有利于促进谈判成功。

在亮出并坚守底线的同时，为了保障谈判顺利进行以及最终达成合作，职场人还需要注意恰当地采用退让策略，适时施以小惠。这一谈判策略适合部分非常有主见的谈判对象，这类谈判对象往往会坚持让职场人做出一定的让步，才同意谈判的条件。在采用退让策略时，职场人需要讲究一定的方式、方法，如退让幅度递减等。

此外，职场人还需要遵循以下几点原则，如图3-2所示。

图3-2 采用退让策略需要遵循的原则

1. 不能轻易退让

在采用退让策略时，职场人不能表现出过大的随意性。因为这样会让对方产生职场人的主张并不坚定的感觉，对方会进一步争取更有利于自身的条件，迫使职场人做出一次又一次的退让，大幅降低职场人在谈判博弈中的"战斗力"，甚至可能导致谈判失败。

2. 坚持退让底线

坚守底线是施以小惠的前提。谈判的最终目的是促成交易、合作，职场人需要通过谈判获取利益。因此，在谈判时，采取退让策略只是技巧性地让步，守住底线才是重点。若职场人不能守住底线，让利过多，就违背了谈判的初衷。

在实际使用这一策略时，职场人需要明晰不同的条件对自身获利程度的影响，并在谈判前期就设置好自身能接受的最低获利目标，这样才能在谈判博弈中张弛有度。

3. 退让幅度适当

在谈判过程中，通常情况下，一次性退让并不能促进合作快速达成。职场人需要知悉这一情况，不能在第一次退让时就给出最大幅度，这样会使自身在谈判博弈中处于被动地位。

在采用退让策略时，职场人应当使用退让幅度递减的方法。在把握好时机的情况下，逐步退让，既让对方看到自己的谈判诚意，又能够坚守自己的底线。

3.2.2 把你的资格和能力融入谈判中

谈判不仅需要技巧，还讲究强弱势地位对比。在谈判中处于不同的地位，谈判成功的概率、谈判方法的选择等也不同。为了更好地达成谈判目标，职场人需要使自身尽可能地处于强势地位。将自身资格与能力融入谈判中，是职场人占据强势谈判地位的有效手段。

从目标来看，谈判可以分为合作型谈判与竞争型谈判两种。合作型谈判，是指通过谈判与协商，使谈判双方或多方能够达成一致的意见，在某一项目实施过程中通力合作。竞争型谈判，是指在双方或多方处于竞争状态时，通过谈判来决定项目的具体归属，以及各方的让步条件等。

无论是合作型谈判还是竞争型谈判，职场人都需要在谈判过程中充分展示自身的资格与能力。在合作型谈判中，对资格与能力的展示，能够让合作对象的合作意愿更加坚定；而在竞争型谈判中，对资格与能力的展示，能够使职场人更容易在竞争中取得胜利，获取更多利益。

因此，在谈判之前，职场人需要进行充分的准备，这是谈判取得满意结果的基础。根据自身所具备的优势，对谈判的各个环节进行设计与把控，将更有利于谈判成功。

在充分了解自身优势的同时，职场人还需要对对方的情况了如指掌。正所谓"知己知彼，百战不殆"，在收集、整合、分析对方相关信息的基础上，职场人能够有针对性地规划谈判战略，制定紧急情况预案，更好地应对谈判过程中可能出现的意外情况。

3.2.3　用数据说话，提升说服力

谈判是一个说服他人的过程。谈判的目标是使对方认同自身想法与观点，从而使自身利益得到满足。数据是客观存在的具体表现，用数据说话，比表达任何个人感受都更有说服力。因此，在谈判过程中，职场人需要适当引用数据，提升自身说服力。

在谈判中，数据的作用主要体现在以下几个方面。

（1）提升对方的认同感，推动对方进行决策。具有说明性质的言语表达，是人们清晰理解某种事物的基础。在阐述观点、事实的过程中，将相关信息以数据的形式呈现出来，能够使对方更直观、充分地了解细节，产生认同感，从而被说服，使谈判更加顺利。

但在引用数据时，职场人需要避免过犹不及。若是在较长一段时间内仅听取数字相关的内容，对方很可能产生巨大压力，精神难以集中，反而会产生消极影响。数字与说明性质的言语表达并非越多越好，职场人需要寻找一个平衡点，既能使自身说服力得到提升，又要避免过多展示数据产生消极影响。

（2）实现信息可视化，明晰谈判各方的力量对比。通过数据，谈判各方能够直观了解彼此之间的强弱力量对比，从而能够更直接且具体地进行相关条件的协商，节省了大量互相试探的时间，使谈判效率大幅提高。

（3）利用数据提升表达力，使谈判更加鼓舞人心。数据不仅能够直观地展示客观事实，还能够在短时间内对谈判对象产生刺激。

无论数据足够大还是足够小，都能够起到吸引对方眼球的作用，使职场

人表达的观点中的重点更加突出。而牢牢抓住问题的重点，是谈判成功的关键。

总的来说，数据具有更强的说服力。在结果导向思维的引领下，职场人需要积极做好数据方面的准备，用数据激发对方的思考，用数据与对方沟通。

3.2.4 谈判中怎样打破僵局

谈判很有可能陷入双方都不想让步的僵局，此时，若不能及时打破僵局，谈判就很难继续进行。职场人可以采取以下几种方法打破僵局。

1. 引入中立的第三方

当谈判陷入僵局时，如果情况进一步恶化，很可能进入"死胡同"，导致谈判双方都对谈判丧失信心，认为继续谈判的意义不大。尽管这种情况并不常见，但是一旦出现，就会引发严重后果。针对这一情况，职场人需要积极寻找解决办法，其中，引入中立的第三方，就是一种有效的解决办法。

中立的第三方对于谈判继续进行有重要的作用，其不维护谈判任何一方的利益。一般来说，中立的第三方应由谈判双方都认可的仲裁者或调解人担任，这样谈判双方不会对最终的调解结果产生异议。

为了得到谈判双方的认可，第三方的选择十分重要。如果职场人只是随意地请上级领导来担任第三方，那么对方可能不认可其中立性。因此，为了让第三方真正发挥仲裁、调解的作用，职场人必须保证其中立性，让对方感到公平、公正。

2."黑脸"和"白脸"通力合作

以销售行业中的谈判为例,一家汽车经销商的销售人员在与客户谈判时,给出30万元的价格,客户与其进行几番交涉后,其仍不肯让步。当客户打算终止谈判,就此离开时,该销售人员提出:"今天破例带你向店长咨询一下能否降价吧。"然后就把客户带到店长处。

店长热情地接待了客户,并许诺可以以28万元的价格将产品出售给客户。与态度强硬的销售人员相比,热情的店长会让客户产生28万元的价格十分合理的想法,从而达成交易。

"黑脸"和"白脸"通力合作的策略,是有效的谈判技巧之一,除了应用于销售领域外,该策略在其他谈判场景中同样适用。

在使用"黑脸"和"白脸"通力合作的策略时,需要有两名谈判者互相配合,其基本运作模式如下。

(1)"黑脸"出场,表现强硬;

(2)"白脸"出场,缓和气氛;

(3)"黑脸"出场催促,推动谈判进度;

(4)"黑脸"与"白脸"配合,让客户对谈判条件感到满意,快速达成一致意见,结束谈判。

第一位出场的谈判者就是"黑脸",他的责任是使对方产生"这个人不好谈条件"的感觉。第二位谈判者是"白脸",扮演"和平天使"的角色,向对方做出更大让步,使对方产生如沐春风的感觉。两名谈判者的前后对比,可以让本来并不想让步的对方更容易接受"白脸"提出的条件,从而完成谈判。

3.选择蚕食策略

蚕食策略的作用在于即使职场人与对方已经就谈判中所有涉及的问题基本达成了共识,职场人仍然可以通过努力获取一些额外利益。如果谈判之初,职场人便"狮子大张口",不仅很难与对方达成共识,还有可能使谈判破裂。

实施蚕食策略的前提是,确保对方的谈判意愿是坚定的。例如,销售谈判中的客户有坚定的消费意愿,合作型谈判中对方有坚定的合作想法等。在此前提下,职场人需要先满足对方的基础要求,即对方想要达成的基础目标,同时展示自身优势,让对方产生较大的认同感。

在对方明确表现出达成一致意见的意向时,职场人可以适时提出一些对自身有利的小条件,此时对方合作意愿较强,同意这些条件的概率较大。

蚕食策略的关键在于,开始谈判之后,职场人需要逐渐增加那些微不足道的条件,使对方一点一点地让步。当小条件积累到一定程度,就能够超出预期地达成职场人的谈判目标。

3.3 如何有效社交

在职场中,无效社交消耗人的精力,付出与回报不成正比,甚至会出现空有付出而得不到回报的情况。有效社交是职场人在职场中除本职工作外需要关注的另一个重要问题。

3.3.1 主动创造机会，认识新朋友

大部分人一生中的大部分时间都是在职场中度过的。在忙碌的职场生活中，优秀的伙伴不仅能够给予自己陪伴和情感上的慰藉，大家还能够在工作中互相配合与支援，使彼此的职业发展更加顺利。然而，在职场中认识新朋友也需要一定的技巧，职场人需要积极主动地创造机会，与志同道合的人建立和谐、友善、良好的伙伴关系。在职场中与他人建立伙伴关系的技巧有如下几点，如图3-3所示。

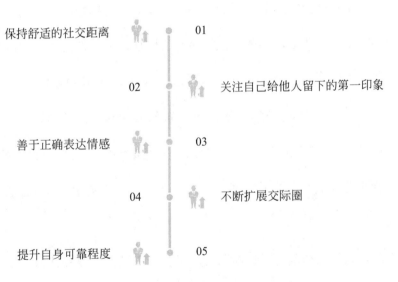

图3-3 与他人建立职场伙伴关系的技巧

1.保持舒适的社交距离

职场存在一定的特殊性,在职场中交友,双方随时可能会由于职位晋升、项目委派等问题产生利益冲突,形成竞争关系。因此,保持一定的社交距离,是职场交友的重中之重。

保持适当且舒适的社交距离,为彼此留存发展的空间,能够让社交关系更加长久地存续下去。在职场中,良好的伙伴关系需要交往分寸感来维护,不管是过分疏远还是过分熟悉,都不能起到良好的效果。职场中的友谊,需要保持彼此之间感到舒适且有安全感的社交距离。

2.关注自己给他人留下的第一印象

当前,随着社会发展节奏不断加快,工作节奏也越来越快。虽然在社交媒体的影响下,现代职场中的交往机会有所增加,但是许多人之间可能很难有多次交往的机会。此时,第一印象在职场交际中就起到重要作用。

职场人给他人留下良好的第一印象,能够吸引对方的注意力,使对方更倾向于主动与其进行第二次交往,为后续社交活动的开展打下良好的基础。反之,若职场人给他人留下的第一印象不佳,那么对方可能不会有继续交往的意愿。

因此,为了主动创造认识新朋友的机会,职场人需要关注自己给他人留下的第一印象,包括外在形象的管理、内在气质的体现、工作能力的凸显、积极态度的展现等。

3.善于正确表达情感

建立良好的社交关系，职场人不仅需要主动创造机会认识新朋友，还需要在后续发展过程中用心经营与维系社交关系，这样才能避免社交关系"昙花一现"。

善于正确表达自身情感，是经营与维系社交关系的有效方式。对于许多人来说，直白地表达自身情感是一件较为困难的事情，会感到尴尬。然而，如果不能直白地表达自己的情感，朋友之间就很有可能出现误会，最终一拍两散。而善于正确表达情感的人，则能够感染他人，与朋友的关系更加和谐。

4.不断扩展交际圈

许多职场人大部分时间都过着办公室与住所之间"两点一线"的生活，每天交往的朋友或同事都是固定的，交际圈十分狭窄。

若要主动创造机会认识新朋友，职场人必须积极参与社交活动，不断扩展自身交际圈。这里的社交活动，不仅包括企业、团队组织的团建活动，还包括行业内部举办的研讨会、沙龙、发布会等活动。

团建活动能够使同事之间的关系更加紧密，使彼此迅速熟悉，是职场人快速与他人建立人际关系的重要渠道。职场人在团建活动中展现出自身人格魅力，能够大幅提升同事对自己的认可度。

积极参与行业内部举行的专业性较强的社交活动，职场人能够结交到更多行业内的高层次人才，积累更多职业经验。

5.提升自身可靠程度

信任是建立一切关系的基础，如果彼此之间没有信任，那么关系迟早会终结。为了在职场中进行有效社交，职场人需要使自己成为一名值得他人结交的、可信赖的朋友。

职场中的可靠程度，既指职场人要具备一定的工作能力，使他人能够放心地与自己合作或向自己寻求帮助，又指职场人需要拥有正直的品格，不会随意泄露他人秘密，不会背后诋毁他人，不会对他人落井下石。

职场人不断提升自身可靠程度，能够吸引同事积极主动地与自己交往，能够与同事保持良好的关系，工作能够顺利开展。

3.3.2 与比自己更优秀的人合作共事

优秀的人往往愿意与比自己更优秀的人合作共事。许多工作都需要团队配合完成，工作能力强的人能让团队更有活力和创新力，还能提升团队的执行力。一个实力雄厚的团队，不能缺少优秀的人才。与优秀的人才在同一团队共事，意味着职场人多了一位优秀的合作伙伴，也意味着职场人少了一位实力强劲的竞争对手。

一个团队想要得到发展，成为行业中有影响力的佼佼者，内部必须保持生机与活力。当团队中的大部分成员都是工作能力突出的优秀人才时，各成员的工作积极性都能够进一步提升，团队的发展也会越来越好。

历史上楚汉争霸中，刘邦本身不擅长打仗，他能够赢得天下，是因为他手下有张良、萧何、韩信这些人才。还有大家耳熟能详的刘备三顾茅庐的故事,刘备放下身段三顾茅庐请诸葛亮出山协助,最终得以在群雄逐鹿的时代抢占一席之地。因此,对于职场人而言,与比自己更优秀的人合作共事,能够使自身的能力不断提升,更快实现职业成长。

第4章
建立合作：
资源互补实现双赢

与他人合作是职场人高效完成工作目标的重要手段。职场人的合作对象主要有同事、上司以及客户。面对不同的合作对象,职场人需要灵活地选择不同的合作策略,最大限度地实现资源互补、合作共赢。

4.1 与同事合作

项目顺利完成,离不开同事之间的合作。在与同事建立合作关系时,职场人需要坚持善意沟通、与同事保持目标一致、合理分工等原则,实现个人利益与集体利益的双赢。

4.1.1 积极合作,善意沟通

在日常工作过程中,职场人往往需要与各部门的同事配合,例如,报销时需要向财务部门的同事提交相关材料,人事信息发生变动时需要与人力资源部门的同事合作重新录入信息等。此外,当工作出现问题时,职场人也需要与同事进行合作与沟通,及时解决问题。

在与同事合作的过程中,职场人应保持积极的态度,与其进行善意沟通。

当需要通过合作来共同完成一项工作任务时,职场人需要主动寻求同事的配合,与同事就任务的主要目标、任务的进度、任务推进计划、任务完成的标准等具体问题进行深入沟通。在任务推进过程中,项目成员之间还需要对出现的各种问题、任务的进度等进行实时沟通，这样团队整体能够知悉任务完成情况，合作才能顺利进行。

积极沟通是合作顺利开展的前提。许多职场人在遇到自己不懂的问题时，为了掩盖自身的不足之处，并不愿意第一时间向其他同事寻求帮助，而是想依靠自己的能力独自解决。最终不仅花费大量时间，还可能出现"钻牛角尖"、问题一直得不到解决的情况。可能我们不了解的某个领域正好是其他同事擅长的，询问其他同事后，不仅能大幅节省解决问题的时间，还会拉近与同事之间的距离。

当工作中出现的差错需要通过合作来解决时，职场人首先要明确问题出现在哪个环节，然后再与相关负责人沟通。

在沟通的过程中，职场人要讲明存在的问题，并针对这一问题询问相关情况。在倾听对方表达的过程中，职场人不能随意打断对方，更不能有盛气凌人的态度。在对方陈述完相关情况后，职场人需要与其积极探讨，提出自己的建议。

由于沟通双方所处的位置不同、个人经验不同，因此在工作上有不同的观点是十分正常的。职场人需要换位思考，从对方的角度出发考虑问题。合作过程中的沟通是善意的沟通，其目的并不是一方说服另一方，而是求同存异。只要双方在沟通后达成一致意见，提出可行的解决方案，沟通就是成功的。

4.1.2 保持目标一致，考虑各部门利益

《史记》有言："天下熙熙，皆为利来；天下攘攘，皆为利往。"合作的

重要目标就是更好地完成工作任务，获取更多利益。作为团队中的一员，职场人一定不能有利冲在前、有责退在后，而是要学会承担责任、分享利益，在保持目标一致的前提下，充分考虑合作的各个部门的利益。

只有充分考虑团队中每一个成员的利益，才能打造出一个无坚不摧的团队。只有善待团队中的成员，将利益与每一个成员共享，与成员共同承担责任，才能激发他们努力工作的热情，释放出自身的最大价值。

在任何一个团队中，团队成员都是直接创造工作成果与利益的人。如果利益分配不均衡，就很容易出现团队成员离心的问题，使团队的凝聚力降低，合作效率低下，团队成员还极有可能产生放弃合作、脱离团队的想法。因此，在与同事建立合作关系时，各合作者之间的利益必须进行合理分配，使合作者能够共同承担责任，共同分享利益，共同努力完成目标。

合作过程中的团队是一个整体，它的效益和每个成员的收益是相互依存的。团队中的任何一个成员都不能只把目光停留在眼前，只贪图个人的一时之利而罔顾其他成员的利益，这不利于团队的长远发展。只有团队中每个成员的利益都能够得到充分保障，才能调动他们的工作积极性。

与上司合作

在与上司建立合作关系时，职场人首先要有准确的自我定位；其次，在工作的过程中，还需要明确任务目标并认真执行；最后，及时请示并汇报工作进展，保证工作任务能够顺利完成。

4.2.1 明确自己的定位：上司的助手

在与上司建立合作关系时，明确自身定位十分重要。在与上司合作的过程中，职场人需要扮演助手这一角色。作为上司的助手，除了完成上司安排的具体工作之外，职场人还需要将上司交代的任务向下传达，并把下级的完成情况向上司汇报，在企业的业务体系中充当枢纽环节。

但所谓的上传下达，并不是简单的转述。这种做法是没有技术含量的，只是起到了传话的作用，有可能导致上司不满意、下级满腹牢骚。现实中，很多职场人都会犯这种错误。那么职场人应该如何做呢？

高层管理者都是站在企业整体发展的角度看问题的，因此，大多数时候提出来的只是一个简单的构想或战略规划，并没有具体的措施。而下面的一线员工负责执行战略，不负责制定具体的措施。分解工作任务、制定具体措施的重担就落在了上司的助手身上。

在执行上司下达的工作任务的过程中，助手还要负责对员工进行指导，并对任务执行结果进行评估，以确保执行结果符合上司的要求，这样才是真正地起到了枢纽的作用。

如果助手只是把高层管理者的要求直接传达给员工，员工接触不到高层管理者，也无法凭借自己的知识和能力对全局做出分析和判断，那么任务执行结果可想而知。助手的作用就是把上司的战略要求转化成可执行的具体方案，同时监督、指导下级的执行过程，做到全程参与、心中有数，这样向上司汇报才可以客观、公正。

4.2.2 明确任务目标，认真执行

在与上司合作时，职场人必须保持最好的工作状态，因为上司对下级的认知与态度直接决定着下级的职业发展空间。因此，明确上司交代的任务目标并认真执行，充分展现自身优秀的工作能力与积极的工作态度，成为职场人在与上司合作时的必然选择。

那么，职场人应如何提高自身的执行力呢？具体有以下5种方法，如图4-1所示。

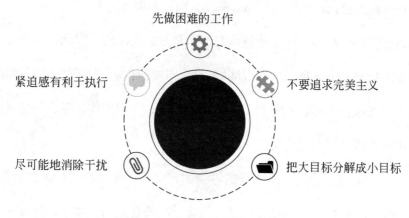

图4-1 提高执行力的5种方法

1. 先做困难的工作

人们都渴望立即获得舒适感，不愿意先苦后甜。这一现象在职场中的具体体现是，一些职场人不愿意做有困难的工作或者将困难的工作延后做，这会逐渐发展为"拖延症"。

针对这一问题，职场人可以先集中精力完成困难的工作，再做一些简单的工作。这样能够使职场人从比较紧张的状态逐渐进入比较舒适的状态，职场人在心理上也更容易接受这样的过渡。

2. 不要追求完美主义

部分职场人工作效率低，是因为他们无法摆脱潜意识中的完美主义，例如，觉得数据不完善、时机不成熟，还需要等待。

职场人需要明白，没有绝对完美的时机，应该及时把握和抓住当下的机会。每个职场人应该对自己的工作有正确的认知，不要看轻自己，也不要高估工作难度，要脚踏实地，从实际出发开展工作。

3. 把大目标分解成小目标

许多人拖延是因为项目太大或目标太笼统抽象，完成的希望很渺茫，所以一天天逃避下去。对于这种情况，职场人可以把大目标分解成具体的小目标，然后制订对应的工作计划。另外，在实现目标的过程中，职场人也可以给自己制订奖励计划，例如，完成一个小目标奖励自己一顿大餐，完成大目标奖励自己一个心仪已久的物品等，以此鼓励自己不断前进。把大目标分解成小目标，有利于帮助职场人解决逃避困难工作的问题。

4. 尽可能地消除干扰

漫无目的地在互联网上浪费时间，已经成为导致许多职场人工作效率低下的主要原因。例如，有些职场人花费大量时间漫无目的地浏览网站，无法集中精力工作。在与上司合作的过程中，为了提高自身的执行力，职场人需要尽量避免这种情况，控制无意义的上网时间。

5.紧迫感有利于执行

一般来说，当工作时间非常充裕时，职场人对完成这一工作的紧迫感会降低，进而很容易拖延。因此，职场人需要设定较短的目标工作时长，使自身产生紧迫感，更投入地执行任务。

4.2.3　请示与汇报：与上司保持沟通

在与上司建立合作关系的过程中，职场人需要担任助手这一角色，积极配合上司的工作。许多任务都需要上司与下级配合完成，上司需要对任务进度与完成情况有一定的了解，下级需要通过请示与汇报，与上司保持沟通。

在配合上司工作的过程中，汇报十分重要。有些职场人不懂得如何汇报，不仅不能让上司了解自身工作情况，还会损害整个团队的利益，辜负整个团队的努力。职场人在汇报工作时，需要注意5点事项，如图4-2所示。

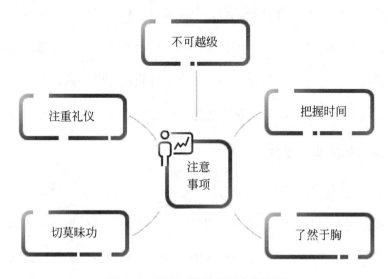

图4-2　汇报工作的5点注意事项

1.不可越级

如果下级员工越过直属上级领导直接向更高级别的领导汇报工作,就会使自己的直属上级领导处于一个很尴尬的位置。中间环节的沟通缺失,可能导致沟通出现断层,也可能使下级员工和直属上级领导的关系变得很紧张。因此,职场人汇报工作时一定要先征求直属上级领导的意见,即便有权向更高级别的领导汇报,也要先与直属上级领导沟通,得到同意后,再自行汇报或和直属上级领导一起去汇报。

2.把握时间

上级领导与下级员工的时间安排很可能不契合,或许下级员工有时间汇报工作时,上级领导却刚好在忙。因此,职场人在向上级领导汇报工作时,最好将那些不重要的事项合并汇报,且要直奔主题、表明重点,以节约双方的时间。

另外,上午9点至11点是最佳汇报时间。除非出现需要紧急处理的事项,否则最好不要在临近下班时打扰上级领导。

3.了然于胸

汇报内容一般由思路、结果、问题3个要素构成。职场人应根据工作进展厘清自己需要汇报的内容,并就这些内容做足功课,以应对领导的提问。领导一般最关注工作中存在的问题,职场人需要准备至少两种解决方案,由领导做出最终决策。

4.切莫昧功

部分职场人在汇报工作时会过分夸大自己的功劳,将问题推给团队中的其他成员。这是没有担当的表现。把团队的工作成果据为己有，恶意抹杀他人的付出，这样的员工可能在短时间内能得到上级领导的认可，但从长远来看，注定难以获得更好的发展。

大多数上级领导都是从普通员工一步一步成长起来的，他能从不经意的一件事推测出实际的工作情景。即使他表面上不说，心中也早有考量，下级员工一些自以为是的"小聪明"，会降低自己在上级领导心中的印象分。

5.注重礼仪

除了汇报的具体内容外，职场人还要做好汇报的"表面工作"，它能大幅提升领导对职场人的好感。首先，衣冠整洁是基础要求；其次，要注意敲门、关门等细节问题；最后，用一个小本子把领导的意见记录下来，展示自己对工作认真负责的态度。

一些职场人工作时自信大方，向领导汇报工作时唯唯诺诺，产生紧张的情绪。这种情况在一些初入职场的职场人身上最为常见。职场人在向领导汇报工作时，要尽力克服紧张情绪，做到大方有礼，避免因为太过关注细节而局促不安。

与客户合作

职场人与客户合作的本质在于，促使客户为服务或产品买单，顺利实现成交。因此，职场人要坚持以此为目标，运用各种方法与客户达成合作。

4.3.1 建立信任：展示资质与专业性

通常情况下，能够充分体现专业性的内容比较受客户的欢迎。如果职场人能够与客户快速建立信任关系，那么客户的付费意愿会更加强烈。

职场人要想通过专业的内容输出与客户建立信任，就必须不断学习专业知识，提升业务能力。当职场人具备了高度专业性，其输出的内容就更加容易被客户信服，也会带有一定的个人特色，并逐渐形成独特的个人风格，进一步增加客户黏性。

当今时代，人们更加追求产品与服务的质量、差异性与个性化。职场人只有在保持输出内容高度专业性的同时，不断推陈出新，并有着鲜明的风格，才能给客户留下足够深刻的印象，使客户成为自己的忠实拥护者。

奇虎360公司董事长周鸿祎，就是以专业性内容输出与客户建立信任的典型案例。周鸿祎在商场上好战、善战，而其底气是高度专业性形成的良好信誉和强大影响力，周鸿祎在专业内容输出方面十分强大。

凭借会议、访谈节目等形式，周鸿祎不断地输出专业性内容，这些内容在传播中润物细无声地占领了客户心智。作为互联网领域和商业领域的专业人士，周鸿祎通过高质量的内容输出，吸引了大量忠实客户。

那么，周鸿祎究竟是如何保证内容的质量的？首先，周鸿祎在产品方面具有极强的专业性。这表现在其对公司的产品了解十分透彻，在访谈或会议中，周鸿祎能够向用户介绍公司产品的优势、目标受众是谁，以及能够满足用户的哪些需求。周鸿祎对竞品也十分了解，他能够通过公司产品与竞品的对比向用户表明公司产品的与众不同之处。周鸿祎在产品方面的专业性使其能够输出与产品有关的专业性内容。

其次，周鸿祎积累了丰富的实践经验，这为其输出高质量的内容提供了有力支持。在创办奇虎360公司之前，周鸿祎曾先后就职于方正与雅虎中国。自奇虎360公司创立以来，他积累了丰富的创业知识与专业知识。实践出真知，周鸿祎对实践经验的分享也保证了输出内容的高质量。

在与客户合作的过程中，职场人的专业性是保证合作成功的必要条件。因此，对于需要与客户合作的职场人而言，夯实自己的专业知识是非常有必要的。当客户了解到职场人是领域中的专家后，自然而然就会在心底产生一种信任感，而这种信任感会延伸到职场人所在的团队、企业，以及其提供的产品与服务上。

4.3.2 挖掘客户需求，强调产品优势

促成成交是职场人与客户建立合作关系的核心目标。促成成交的过程，就是不断满足客户需求的过程。优秀的职场人能够挖掘客户需求，分析需求产生的内在原因，并通过不断强调产品优势来吸引客户的关注，更好地满足客户需求。

刘小姐从事西装定制销售工作多年，从刚进入社会时在别人的店铺打工到后来自立门户，她的客户一直源源不断。陈先生是刘小姐的一位老客户介绍来的新客户，那位老客户私下表示，这位陈先生平时很小气，希望刘小姐

能给予他大幅度的优惠。

陈先生上门时，穿着旧皮鞋和过时的西装，但刘小姐并没有给陈先生介绍一些低端商品，反而带陈先生看了几套高级定制西装，并介绍了面料与制作工艺。在这个过程中，两人开始闲聊，刘小姐将话题引到了上午的一桩生意上。

上午，店里来了一位穿着朴素的客户，刘小姐以为他只是逛一逛，结果他却买了两套最贵的高级定制西装。那位客户付款时说，高级西装是一种对自己的包装，能够提高他的气质，能帮助他融入高级圈子，也能打开人脉，因此他愿意花重金购入高级西装。

刘小姐以此事为切入点，向陈先生表明要把钱用在真正值得的地方。随后，刘小姐耐心地给陈先生介绍普通西装与高级定制西装在细节上的不同，最后经过两番降价后，陈先生预订了两套高级定制西装。

在上述案例中，刘小姐通过观察发现陈先生虽然小气，但对高级定制西装是存在需求的。因此，刘小姐将自己的价值观成功地传递给陈先生。随后，刘小姐又用自己的方式为陈先生辩解：陈先生其实并不是小气的人，只是不愿意把钱花在一些他不看重的方面，使陈先生获得了被认可的满足感。在最后的成交阶段，刘小姐通过两次让步，将价格适当降低，也在一定程度上满足了陈先生对低价格的追求，最终达成了交易。

很多销售员事无巨细地为客户讲解，但效果甚微，销售额并没有大幅增加。根本原因在于，这些销售员对客户的需求了解不足，对需求的分析判断出现了偏差。在客户的需求得不到满足的情况下，目标就很难达成。职场人只有准确地分析客户的需求、满足客户的需求，才能顺利达成目标。

4.3.3 解决客户异议,化解问题

在与客户合作的过程中,若客户存在异议,而职场人不能及时解决客户的异议时,合作很可能以失败告终。只有成功地解决客户的异议,满足客户的需求,合作才能顺利推进,客户才有可能转化为忠实的长期客户。

解决客户异议的关键在于,及时察觉到客户的不满,收集客户的问题。对于职场人来说,这一项工作贯穿于与客户合作的始终。也就是说,职场人要通过与客户不断交流,找到客户的问题,并积极化解问题。

收集客户问题的方法主要有以下两个,如图4-3所示。

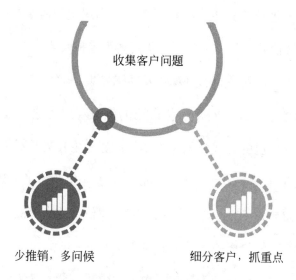

图4-3 收集客户问题的两种方法

1.少推销,多问候

在合作过程中,职场人不仅需要提高自身的专业水准,提升客户的满意

度，还需要通过互动来知悉客户在合作过程中的感受、对产品或服务的满意程度、是否存在潜在需求等。

例如，部分销售员很容易出现目的性过强的问题，一味地推销产品，使客户产生厌烦情绪，无法营造出良好的合作氛围。

职场人在与客户合作的过程中应减少推销行为，更加注重服务质量，通过与客户建立和谐、友好的关系，收集客户问题并积极解决，以促进成交率与复购率提升。

2. 细分客户，抓重点

在收集客户问题时，职场人应该遵循二八原则，即并非详细地收集所有客户的所有问题，而是将客户群体细分，筛选出重点客户，有针对性地收集重点客户的重点问题。

这么做是由于每位客户的成交意愿是不同的，若对所有客户都采取相同的措施，需要付出大量的时间、精力，但最后的结果可能并不尽如人意。因此，采用二八原则细分客户群体，重点收集成交意愿更强的重点客户的问题，并及时解决问题，是提高客户满意度、培养忠诚客户的有效方法。

4.3.4 解决客户拖延症，达成合作

一些客户已经有明确的合作意向，只是有拖延症而迟迟没有下单。此时，职场人需要在与客户的交流中"踢"出"临门一脚"，促成交易。

解决客户拖延症的方法主要有以下4种，如图4-4所示。

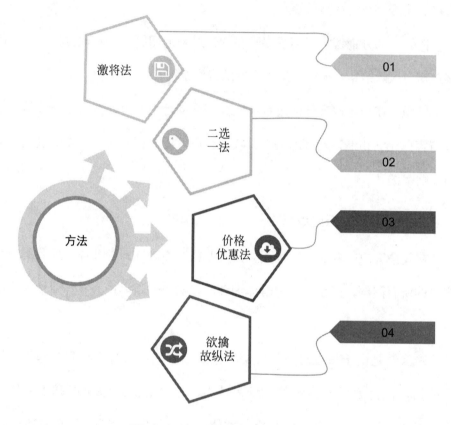

图4-4　解决客户拖延症的4种方法

1.激将法

激将法适合在客户犹豫时使用。金牌保险推销员亚伦在销售保险产品的过程中，就常常使用激将法促使犹豫不决的客户下单。

一个周六下午，亚伦去拜访客户。客户是一名中年男性，他听完亚伦的介绍之后，并没有痛快地签下保单，而是表现出诸多犹豫。亚伦换了一种方式向客户推销，他说："我这个月拜访了很多客户，其中有很多是您这样年轻有为的男士，他们都非常顾家，所以，在我向他们介绍保险产品之后，他们都为自己的妻儿购买了保险。相信您也是这样的男士，您说呢？"

客户听了亚伦的话，其实已经有了购买保险的意愿，但是意愿并不是很强烈。客户对亚伦说："你说的都对，但是我还要考虑一下，等过段时间我再购买吧。"

这时已经到了销售的最后关头，只要亚伦"踢"出"临门一脚"，就能促成交易。因此，亚伦采用激将法说服客户。

亚伦对客户说道："我相信您对您的妻子和子女有深沉的爱，他们的平安是首要的。如果为他们购买一份保险，他们的安全就有了保障。您还在犹豫买还是不买，难道是您不能独自决定是否购买保险，需要征求其他家庭成员的同意吗？"

这位客户非常看重自己的面子，亚纶的说辞使他感觉自己在家里没有话语权，有失面子。因此，为了证明自己拥有话语权，这位客户为家人购买了保险，亚伦的推销成功了。

2.二选一法

在即将与客户达成合作时，职场人可以提出一个能够让客户二选一的问题，引导客户做出决定。例如，询问客户"您今天签，还是明天签"。客户就会非常容易被职场人的思路牵引，从给出的选项中选出一种，选择签下订单。

这种方法与限定型提问"您想要黑色款还是蓝色款"有异曲同工之妙，

都是为客户规定了选项,并且选项都能促成交易。无论客户选择哪一个选项,职场人的目标都会达成。

职场人在使用二选一提问法时,应该尽量避免向客户提出"要还是不要"的问题,而是用"要白色的还是蓝色的""您是刷卡还是现金"这样的问题代替。这样客户的思路会被职场人提出的问题中包含的两个选项限制,从选项中选出一个作出答复。

3. 价格优惠法

在与客户合作的过程中,职场人可以通过提供优惠来促成成交。给客户提供优惠有很多种方法,最基本的方法是价格优惠法。

客户对产品的价格有异议,职场人就可以对产品的价格进行适当的调整,使客户心甘情愿地购买。在满足客户物超所值的购物心理时,职场人可以采用两种常见的办法:一种是在价格不变的基础上提高产品的价值,另一种是在产品价值不变的基础上降低产品的价格。这两种方法都能够让客户感受到价格上的优惠。

4. 欲擒故纵法

在使用这种方法时,职场人可以在一开始就抛出诱人的条件,让客户心动。之后,职场人再向客户提出附带的条件,即便客户感觉心里不舒服,通常也会接受。

在采用欲擒故纵的方法时,职场人一定要把握好程度和节奏,懂得适可而止。如果客户表现出要改变决定的意思,职场人就要见好就收,重新和客户商谈订单的细节。在之后的谈判中,职场人还可以适时做出一些让步,给予客户一些优惠,这样就能让客户爽快地签订订单,促成交易。

第5章

个人IP：打造适合自己的职场人设

人设是一种刻意塑造的人物形象，本质上是一种营销行为。人设在现代职场上具有重要作用，能够表明职场人的定位和优势。简单来说，职场人设体现了"你在工作中是什么样的人"和"你想成为什么样的人"。

定位：提炼优势，明确人设

提炼优势，明确适合自己的人设，对于职场人来说十分重要。大部分职场人在职场中的定位是模糊的，原因在于这些人通常是对什么感兴趣就去做什么。这样很难挖掘自身的优势，也无法对自身优势形成正确的认知。还有一部分职场人不清楚自己有什么优势，缺乏自信。

5.1.1 分析自身优势，明确自己的兴趣和技能

了解自己的性格特征、兴趣所在或具备的经验、技能，能够帮助职场人在特定的领域建立优势。职场人需要花时间整理自己的成功经验，了解自己的优势所在，以及它们如何在工作中产生作用。这些优势可能会随着时间的推移不断发展，职场人可以定期思考自己的优势并不断发现新的优势。

有很多方法可以帮助职场人发现自身的优势，职场人可以从不同的角度出发剖析这些优势，将它们应用在不同的工作场合。职场人可以分别从内部和外部的角度来评估自己，找到自己的强项。职场人可以使用以下方法确定

自己在工作中的优势。

（1）认真听取别人的反馈意见，以形成更准确的自我认知。长期共事的同事的意见是职场人自我评估最可靠的依据之一。职场人要注意同事对自己的评价，以及对自己工作表现做出的反馈。同时，职场人可以分析自己在工作中获得的赞扬来自哪些方面，并探寻赞扬与自己的哪些性格特征或技能有关。

（2）了解自己的激情所在，做自己喜欢做的事更容易提升自己在相关领域的技能，使它们逐渐发展成自己的强项。职场人可以花费时间练习自己喜欢做的事，特别是在做的过程中所使用的技能。

（3）可以进行性格测试。基于特定职业的专业性格测试有很多，职场人可以借助性格测试发现自己潜在的优势和兴趣，选择一条适合自己的职业发展道路。这样既可以帮助职场人了解自己已经获得的经验，还可以帮助职场人挖掘自己在一些未知领域的技能和天赋。

（4）开发一些新的技能和爱好，通过学习新的技能在新的领域中获得新的经验。在这个过程中，职场人可能会发现自己以前未曾发现的能力，挖掘自己潜在的优势。

5.1.2 细分定位，增加特色标签

在职场上，职场人要学会给自己贴标签。例如，我是一个有创新能力的人，我是一个有写作才华的人，我是一个沟通交际能力很强的人，我是一个善于谋划组织的人等。职场人应该逐步给自己贴上一些好的标签，塑造

自身的职场形象。

给自己贴标签、打造职场人设不只是说说而已，职场人需要用行动证明自己的标签是真实的，行为和标签保持一致，从而深化自己的职场人设。

职场人只有清楚地认识自己，找到明确的定位，才能打造适合自己的职场人设。一个正确的定位能够体现职场人的职业价值取向，表现职场人的梦想和愿望、擅长的工作、性格特点等。

想要做好自身定位，职场人要清楚地认识自己，明确自己所处的位置，盘点自己拥有的资源，挖掘自己的优势。人们在不同的发展阶段往往有着不同的择业追求，因此，职场人需要结合自己的性格特征进行职业规划，根据自己的兴趣爱好确定职业发展方向。

在明确自己的定位并正确评估自己的实力之后，职场人需要结合自己的性格特点，给自己贴上合理的标签，并通过细分定位不断增加特色标签，果断放弃那些与自己不符的标签。职场人要找到与自身价值观和优势相契合的发展路径，稳扎稳打，逐步提升自己的能力。

心理学家罗伯特·莫顿发现了一种现象，叫作自我实现预言。这种现象的有趣之处在于，当一个人先入为主表达了自己的心理预期，那么无论最终结果如何，都会在一定程度上影响他的行为，甚至实现他的预期。

职场人在确定自己的职场人设和未来目标时，其实就是在设定一个心理预期。基于这个心理预期，职场人可以思考自己未来想成为什么样的人，给自己贴上标签，再通过行动证明自己，最终成功打造自己的职场人设。因此，职场人想成为什么样的人，就会给自己贴上什么样的标签、给予自己相应的心理暗示，最终实现自己的目标。

5.1.3 结合职场需求，调整人设标签

职场中的成长是一个持续的过程。在初期，职场人想要的可能只是站稳脚跟、与同事建立良好的人际关系。等到了相对稳定的时期，职场人就会开始寻求更多的发展空间和更多的自我突破。

标签和职场人设并不是一成不变的。职场人需要结合职场需求，不断地调整和丰富自己的标签及人设，做到优化成长。标签和职场人设的变化可能和职场人最近读的书或者接触的人有关，这些变化意味着职场人开始积极满足职场需求，进入向上的渠道。

在职场上，同事和上级领导都会通过观察给职场人贴标签。因此，职场人需要让自己的特点变得可视化。简单来说，职场人需要做一些与标签相符的事，这样才能让别人给自己贴上相应的标签。例如，职场人想要给自己贴上"好学"的标签，那么就需要多向别人请教问题、多做笔记、多看书。当然，任何一个标签都必须基于真实的、有意义的行为，而不能是虚假的。

在和别人交谈时，职场人可以留意别人对自己做出了怎样的评价，这些评价也可以成为自己的标签。在和同事或上级领导交谈时，职场人可以提出一些问题，随身携带记事本记录有用的信息。如果发现了更高层次的标签和人设，并且想要与之匹配，职场人就要学习相应的技能，完成与之对应的更高难度的任务。在这个过程中，职场人的标签和职场人设也会随之优化提升。

职场人还要注意标签的差异化。在现代职场中，"优秀""聪明"等标签

是最普遍的，几乎每一位职场人都可以拥有。如果职场人具备一些特殊的技能，就有可能因此备受关注，从众多普通员工中脱颖而出。

5.1.4　创造一场引人关注的职场成就事件

打造适合自己的职场人设和标签是一个长期的过程。如果想在短时间内快速获得关注与认可，职场人就需要创造一场引人注目的职场成就事件。

为了成功创造一场职场成就事件，职场人必须积极寻找和抓住机会，秉持着"不成功便成仁"的心态，勇敢地放手一搏。引人关注的职场成就事件不是轻而易举就能创造的，一旦有机会，职场人就必须及时抓住它。

即使没有机会，职场人也要学会创造机会。如果职场人在职场中一直默默无闻，就可能逐渐边缘化，被同事、领导遗忘。如果职场人能够成功地抓住机会，一举创造出一场引人关注的职场成就事件，就可以消除一部分同事对自己能力的质疑，在整个公司树立良好的个人形象，获得同事和领导的认可和信任。

5.1.5　职场素人进阶为演讲达人

初入职场、第一次站上演讲台的职场素人，都会感到恐惧、手足无措。但只要掌握一些技巧，职场素人也可以很快进阶为演讲达人，如图5-1所示。

1. 充分准备

对于职场素人来说，从容、生动地演讲不是一件简单的事。职场素人可以将自己的专业领域作为切入点，对自己演讲的主题和内容十分了解，就不

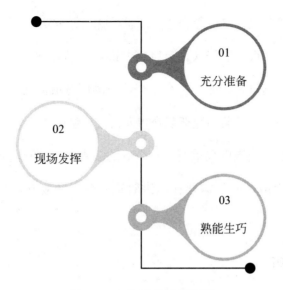

图5-1　职场中的演讲技巧

会太紧张。职场素人在演讲前最好撰写一份演讲稿，这样能够保证演讲时思路畅通、条理清晰。

职场素人要提前对演讲的观众有简单的了解，如观众是谁、有什么需求、希望从自己的演讲中得到什么等。这些都会直接影响到观众是否对自己的演讲主题和内容感兴趣，如果能成功吸引观众的目光，演讲就能获得不错的效果，职场素人也能从中受到鼓舞。

在正式上台演讲前，职场素人一定要进行多次演练，尤其是演讲第一次接触的主题。职场素人可以自己一个人演练，也可以邀请家人、朋友作为临时的观众，模拟演讲时的场景，把能想到的、可能说的话写在纸上，理顺思路，反复练习。

2.现场发挥

作为演讲新手，职场素人只需要在演讲时把事先准备好的内容有条理地表达清楚，让观众理解自己想表达的意思，就已经成功了。

进阶为演讲达人的职场人，可以在演讲时现场发挥，加入一些和观众的互动，例如，在演讲开始时先进行一个简单的调查或游戏，既可以拉近和观众之间的距离，又可以顺利地把观众带入自己演讲的主题。

和观众的眼神交流也很重要，一个好的演讲者不能只是机械地背稿，完全不顾观众的反应，而是需要在演讲时直视台下的观众，和观众进行眼神交流。

3.熟能生巧

能够有条理地把自己的想法以演讲的形式传递给大家是一项很重要的职场技能。职场人要尽可能地争取机会，熟能生巧地提升自己的表达能力，以获取更多实现职场进阶的机会。

印象管理：用无声的语言说服别人

在职场中，无声的语言同样具有很强的表达力。这里的无声的语言，指的是职场人给他人留下的印象。对于职场人来说，印象管理包括外表形象管理、职业形象管理和媒体形象管理。印象管理是职场人打造个人IP，树立职业形象的有力手段。

5.2.1 外表形象管理：衣着得体

很多职场人在打造个人IP的过程中，都会忽视外表形象管理。实际上，职场人想要打造成功的个人IP，不仅需要明确自身的优势与人设，还需要通过外在形象管理，给他人留下深刻的印象。

人类的左脑和右脑具有不同的功能，左脑是逻辑处理器，右脑是情感处理器。一般来说，图像比文字蕴含的情感更丰富，例如，一张小孩子的照片比"孩子"这个词更能唤起人们的爱心；即使一部电影和一本书讲了同一个故事，但带给人们更大冲击力的是电影。因此，在打造个人IP时，职场人也要注意外表形象产生的作用。

事实上，很多成功的企业家都十分重视外表形象管理。例如，提起乔布斯，人们的脑海中会浮现出他身穿圆领衫、牛仔裤的形象。乔布斯十分喜欢这样的穿搭，不仅是因为方便，还因为这种固定的穿衣风格就像一种标签，能够加深消费者对他的印象。由于他总是以这样的着装出席苹果发布会和其他活动，因此这一套着装成了他的标志，帮助他形成独特的个人IP。

不同于传统的西装革履的企业家形象，休闲式的穿搭帮助乔布斯拉近了与消费者之间的距离，让消费者产生这只是一个普通的朋友在向自己介绍一款优质产品的感觉。此外，不仅是穿着打扮上具有独特的风格，乔布斯还在发布会上通过对语言与动作进行管理，使演讲更具感染力与说服力，为观众带来许多经典的商业演讲。

职场中的外表形象管理不在于精致、华丽，而在于符合自身的职场人设，即在衣着得体的前提下，能够充分展现出职场人的独特性，给他人留下良好且深刻的印象。

Facebook（脸书）的创始人扎克伯格，也有自己独特的外表形象管理之道。扎克伯格偏爱灰色T恤、连帽衫和牛仔裤的穿搭，不穿连帽衫时，他往往会穿一件灰色T恤。此前扎克伯格公开过自己的衣柜，衣柜中只有灰色T恤、牛仔裤和连帽衫。久而久之，这一形象成为扎克伯格的经典形象，成为他深入人心的个人IP。

乔布斯和扎克伯格的形象都符合他们的个人IP定位。职场人可以根据自己的气质、个人IP定位，设计与之相符合的外表形象。例如，职场人想打造"商业精英"的形象，就可以以身着西装的形象示人。为了突出自身特色，职场人可以在西装的颜色上和他人做出区分。

无论职场人选择什么样的装扮打造自己的外表形象，都要长期坚持这一选择。职场人只有长久地以同一种形象出现在公众面前，才能一遍一遍地加深公众对自己个人形象的印象，这一形象才能成为自己的标志。

5.2.2 职业形象管理：展示职业专业性

职场人在职场中的形象不仅有外表形象，还有职业形象。职场人对职业形象进行管理，就是通过各种手段展现自身的专业性，使他人认可自己的专业能力，给他人留下可靠的印象。

例如，考研界的"网红教师"张雪峰就成功打造了自己的职业形象名片，他的讲座几乎每场都座无虚席，有时甚至一票难求。

张雪峰的讲座为什么如此受欢迎？这既有偶然，也有必然。偶然在于他的讲座风趣幽默，讲课风格十分少见。不同于大多数老师较为严肃的讲课风格，他在讲座中妙语连珠，课堂气氛轻松活泼。而必然则在于他在讲座中为学生讲述专业且丰富的考研知识。

虽然张雪峰在台上妙语连珠、引人发笑，但一堂课讲完，该说的"干货"一点也不少，学生收获满满。张雪峰十分注重讲座的专业性，为了更准确地为学生讲解考研信息，他认真搜集了400余所院校的专业信息，包括招生简章、历年录取情况等，不断完善自己的讲座内容。在考研指导方面，张雪峰会为学生提供更丰富的考研信息，还会为学生讲解许多生动鲜活的案例，这些都是他比其他考研指导老师更专业的地方。

想要实现个人IP在垂直领域的重度垂直，职场人需要做到比对手更专业，并且要为自己打造专业的职业形象。打造专业的职业形象的方法有以下3个，如图5-2所示。

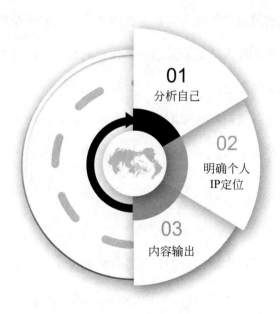

图5-2　打造专业的职业形象的3个方法

1.分析自己

分析自己包括分析自己在哪些行业存在优势、所在行业的发展前景、有什么可利用的资源等。职场人只有深入地进行自我分析,才能找到自己的优势,从而不断强化优势。如果方向错误,那么职场人再努力也很难得到想要的结果。

2.明确个人IP定位

每一个产品IP都有自己的市场定位,个人IP也是如此。在明确个人IP定位时,职场人需要明确自己在哪个领域能够建立独有的优势、能够在领域中进入前列。

在打造个人IP时,职场人可以尝试寻找两个专业领域的交叉领域,提升自身的专业性和个人IP定位的独特性。如果职场人在两个领域都具有丰富的专业知识,那么其很有可能成为这两个领域的交叉领域的专家。两个领域优势的叠加能够增加职场人成为交叉领域领先者的概率,而这个交叉领域就是职场人比对手更专业之处。

需要注意的是,这两个领域不能盲目组合,最好一个是职场人长期从事的,另一个是职场人喜欢且有兴趣的。这样的组合更有利于职场人进行深化学习。

3.内容输出

职场人需要进行内容输出,即利用各种传播渠道,有意识地输出专业知识,提高公众认知。在企业内部,职场人可以通过演讲、提出方案等方式输出专业内容;在企业外部,职场人可以通过写作、公共演讲输出自己对行业的理解和看法，展现自己对行业的深入研究和洞察。这两种方式都可以广泛传播，传播效应也会不断叠加，最终深化职场人在公众心目中的职业形象，凸显职场人比对手更为专业的优势。

任何事情都能做到极致，才能超越常人。职场人在打造职业形象时，一定要凸显自身的专业性，使自身的职业形象更加深入人心。极具专业性的职业形象一方面可以增加公众的信任感，另一方面也有助于扩大个人IP的影响力。

5.2.3 媒体形象管理：通过媒体进行个人IP宣传

当职场人拥有了一定知名度和影响力后，就需要管理自身的媒体形象，通过在各种媒体上宣传个人IP，更好地打造自身形象。

职场人不仅可以通过社交媒体平台发布观点，打造专业的职业形象，还可以通过与各种知名媒体平台合作，进一步扩大自身在行业中的影响力，优化自身形象，吸引更多关注，促进个人IP打造。

在借助媒体平台的影响力打造个人IP的过程中，为了保证通过媒体平台发布的信息能够对自身的个人形象传播起到积极作用，职场人需要注意以下两点。

1.考量媒体平台的权威性

随着互联网不断发展，媒体平台越来越多，各平台权威性差异较大。如果职场人随意在权威性弱的媒体平台上发布与自身相关的文章，不仅不利于打造个人IP，还会影响自己在公众心中的形象和地位。因此，在借助媒体平台宣传个人IP之前,职场人需要对媒体平台的权威性进行考量,具体可以从以下几点入手,如图5-3所示。

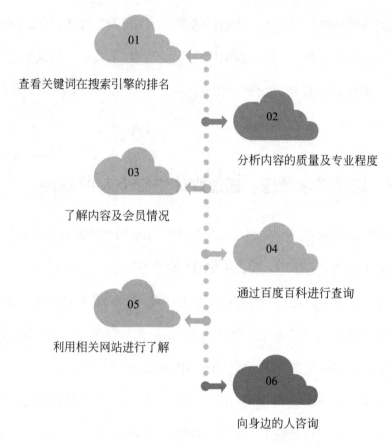

图5-3　考量媒体平台权威性的6种方法

（1）查看关键词在搜索引擎的排名。利用百度等搜索引擎搜索与媒体平台相关的关键词,通常情况下,权威性较强的媒体平台会排在靠前的位置。因此,在搜索关键词之后,职场人可以查看媒体平台的排名,如果排名比较靠前,就说明其具备一定的权威性,职场人就可以考虑在该平台上发布宣传个人IP的文章。

（2）分析内容的质量及专业程度。一个具备权威性的媒体平台通常比较专业，内容质量比较高，如逻辑清晰、排版工整、用图规范等。相反，如果一个媒体平台上全部是质量极低的内容，还存在抄袭的现象，那么这个媒体平台就有很大问题，权威性可想而知。

（3）了解内容及会员情况。一般而言，具有权威性的媒体平台拥有很多会员，会员的活跃度也相对较高。为了更好地满足会员的需求，这些平台更新内容的速度相对较快，例如，今日头条、新浪的内容就更新得非常快。如果某媒体平台不经常更新内容，会员数量很少，就不适合作为宣传个人IP的阵地。

（4）通过百度百科进行查询。通常情况下，权威性比较强的媒体平台，都在百度百科上有官方词条认证。因此，职场人可以借助词条的介绍和浏览量来考量媒体平台的权威性。小媒体平台很可能没有自己的词条，即使有，浏览量也不会特别高，而大媒体平台不仅有非常详细的词条，还会有很高的浏览量。

（5）利用相关网站进行了解。百度搜索、新浪微博、各种相关论坛等，都是职场人了解媒体平台的渠道。如果某媒体平台没有问题，也不存在虚假内容，那么这个媒体平台在相关网站上的评价不会差，甚至会有很多好评。

（6）向身边的人咨询。如果某媒体平台具有很强的权威性，而且知名度比较高，那么职场人身边的人可能对其有所了解。职场人在考量媒体平台是否可靠时，不妨向身边的人咨询，然后再结合自己的调查得出最终结论。

总之，在考量媒体平台权威性时，以上几种方法都行之有效。在实际运用时，为了使考量结果更准确，职场人可以结合使用多种方法。

2.把握媒体宣传的时效性

在快节奏的当下，公众往往对那些与热点相关的内容感兴趣，因此宣传的时效性非常重要。在通过媒体宣传打造个人IP的过程中，内容的时效性是职场人不可忽视的一个重点。

时效性是职场人借助媒体宣传个人IP的制胜法宝。把握好内容的时效性，严控时间节点，是发挥最大宣传效能的必然要求。那么，应该如何增强内容的时效性呢？职场人需要从以下两个方面着手。

（1）当职场人通过媒体平台发布的内容与时下热点事件相关时，职场人可以通过预测热点事件、提前准备内容的方式保证内容的时效性。

许多行业的热点事件都是可以预测的。例如，每年各大手机品牌的发布会就是行业内的热点事件，而手机发布会在召开之前通常都会发布预告，在预告发布后至发布会正式召开之前的这段时间里，职场人可以提前根据预告撰写内容。这样在发布会召开之后，职场人就可以通过进一步完善内容实现快速发稿，保证内容的时效性。

（2）职场人可以在闲暇时间写一些内容，如对行业现状进行分析、对行业发展趋势进行预测，或者写一些能够突出自己专业性的文章。这样一来，在准备将内容发布到媒体平台时，职场人可以将之前整理的素材融入内容中，从而保证内容的时效性。

打造爆款：扩大个人IP影响力

打造个人IP并非一日之功，为了使自身的职业影响力得到有效维系，职场人还需要不断扩大个人IP的影响力。职场人可以通过持续输出高价值内容、持续打造职场大事件，不断巩固自身职场人设，从而在行业中获取更多话语权。

5.3.1 持续输出高价值内容，吸引受众

若想使个人IP持续产生影响力，职场人就需要持续为受众提供价值。这里的受众可能是产品的用户，也可能是同行业的竞争对手。为了最大限度地留存受众，职场人需要持续输出高价值内容。

第一，职场人要做好专业内容的持续输出，通过召开产品发布会、开直播、接受采访等方式不断向受众传递专业知识，在润物细无声中影响受众的选择。

第二，职场人要通过产品向受众传递价值。普通用户之所以成为职场人的受众，除了受职场人的个人魅力影响之外，其对职场人推出的产品或服务也存在一定需求。因此，职场人需要了解用户对产品或服务的具体需求，并通过推出更先进、优质的产品与服务，来满足用户的需求。

5.3.2　持续打造职场大事件，增加曝光率

在职场中，处于同一圈层的职场人有很多。如何从当前圈层中脱颖而出，成功打造个人 IP，在团队中成为核心骨干，在行业中成为领军人物，成为许多人职场进阶的目标与职业突破的难题。

创造一场引人关注的职场成就事件，是提高个人 IP 影响力的有效手段。为了实现圈层的突破，职场人就需要持续打造职场大事件，借此来增加自身在职场中的曝光率，快速摆脱职场"小透明"的身份。持续打造职场大事件，不仅需要职场人有敢于突破的勇气，还需要有不断创新的工作能力。

小王就职于一家传统企业，她是所在团队中唯一一名 95 后员工。在进行品牌宣传推广工作时，小王发现，团队一直沿用的推广文案已经落伍，很难起到吸引客户的作用。

而团队中的其他成员似乎并没有意识到这一问题。作为一名兼具创新与突破精神的职场人，小王开始从身边的成员入手，向他们渗透文案更新的意识，建议他们创作更加活泼、轻松的宣传文案。此后，小王还主动向老板提议，由她定期主持召开分享会，向团队成员及时分享当前互联网社交媒体中的流行用语。

这一做法受到了其他成员的积极响应，不仅使整个团队的工作成果得到了优化，还使小王在团队中的影响力得到提升。小王从原来的"小透明"一跃成为大家信赖的团队核心骨干，曝光率大幅提升。

一些职场人不知道如何打造职场大事件，感到压力倍增。打造职场大事件并非要求职场人一开始就瞄准行业中的最高地位，而是需要其从自身所处的圈层开始突破，逐步扩大个人IP的影响力。

第6章

圈层赋能：借更高圈层获得更多资源

"圈层"是对在阶层分化的社会背景下，产生的相对中高端的特定社会群体的概括。从广义上讲，它是一个具有相同社会属性的阶层，也可以说是一个在一定区域内具有较强联系、属性相近的群体。

更为流行的说法是：与一群和自己志同道合的人组成一个圈子，从而方便大家发展人脉和事业。同圈层的人有着相同或相似的社会地位，人际交流更加方便，对于彼此事业的发展有一定的帮助。

6.1 圈层背后的价值

从一定意义上来说，职场人所处的圈层决定了其人生的高度。这些人或许会成为职场人的贵人，给职场人的人生带来关键性的改变。职场人的认知、具备的能力、拥有的财富、会遇到什么机会、拥有什么未来，都与职场人所处的圈层息息相关。因此，职场人总是力求进入更高的圈层，结识更多优秀的人，获取更多对自己有利的资源。

6.1.1 倾听大咖观点，实现认知突破

职场人所处的圈层决定了他的认知和眼界，他的思考方式和行为模式会受到现有圈层的限制。认知界限阻碍了职场人的成长和发展，导致职场人与

世界的沟通出现了壁垒。职场人改变认知现状的核心就在于，必须打破自己的认知界限，让自己的认知得到升级。

在圈层文化盛行的今天，职场人要想成功，就必须突破自己的舒适区，努力进入更高的圈层，获得成长。职场人想成为一个什么样的人，就要努力和这样的人交往。每个职场人都向往能够进入更高的圈层，因为更高的圈层中往往会聚许多大咖。

当职场人进入更高的圈层时，就有机会结识这些大咖。他们可能是行业内经验丰富的前辈，也可能是在某一领域有着卓越成就的名人。职场人要抓住每一次能够学习大咖经验的机会，倾听大咖的观点和意见，获取行业内的最新资讯，加深自己对行业的了解。

最重要的是，遇到大咖以后，职场人要找机会和对方取得联系并建立关系。一旦错过了，就很难再有这样的机会。职场人应主动和大咖联系，可以是经过朋友介绍，也可以自己寻找联系方式。在与大咖交往时，职场人可以以共同的兴趣爱好或者对方可能感兴趣的项目作为切入点，先给对方留下良好的第一印象，为后续的深入沟通奠定基础。

如果职场人想变得更优秀，就要结识更多比自己更优秀的人。圈层之间通常存在认知差，对于同样的信息，不同的人会做出不一样的解读，有的人可以看到事件的本质，而有的人只能观察到表面。

更高的圈层中的人对于行业有着更专业的观点和看法，有利于职场人对行业产生全新的认知。与更高圈层的人交往，职场人能够获得一些独特的见解。这些新奇的观点可能会给职场人带来灵感，使其打破对事物的固有观念，发现观察事物的新角度，重新构建自己对事物的认知。

职场人需要努力学习，不断提升自己，突破自己，明确自己的职场进阶目标。这样才有机会进入更高的圈层，找到志同道合的伙伴和对自己有帮助的大咖。

6.1.2　找到新项目、新资源、新机会

在现代社会中，不同的人处于不同的圈层，不同的圈层中有不同的资源和机会。一个人在现有圈层能接触到的资源和人脉是有限的，如果没能进入更高的圈层，就没有办法获取更多人脉，也就没有办法收集到一些隐性的有效信息，就会与许多机会擦肩而过。

想要找到新项目、新资源、新机会，首先，职场人要了解自己现有的资源。在现代社会中，每个人都掌握着一定的资源，如专业知识、人际关系、时间、金钱等。职场人要了解自己已有的资源并且合理、有效地利用这些资源，这样才可以更好地发挥自己的价值。

其次，职场人要积累自己的人脉资源。在现代社会的众多资源里，人脉资源是最重要的资源之一。有人的地方就一定有资源，积累人脉资源是职场人可以获取更多社会资源的关键。

在现代社会中，参加各种活动和会议是职场人能够直接接触到更多人脉资源的重要机会。积极参与这些活动，职场人可以认识更多的人，拓展自己的人脉，获取更多的信息，从而获得更多的机会。在这些社交活动中，职场

人还能够结交到不同领域的大咖，通过沟通和交流，职场人有可能获取他们手中的资源和项目。

最后，职场人要有意识地提高自己的曝光度。优秀的人脉和资源不会主动找上门，职场人足够优秀，才能吸引优秀的人和资源。职场人要敢于在各种活动和会议上展示自己，让别人发现自己的优势、意识到自己的价值。职场人也可以通过社交媒体分享自己的观点。在这个信息快速流动的时代，如果职场人的观点被快速、多次地传播，自然就会吸引优秀的人的关注，机会也就随之而来了。

俗话说："物以类聚，人以群分。"如果职场人所在的圈层不够高，那么可获得的社会资源自然不会太丰富。想要突破现有的圈层，被更高圈层接纳，职场人就必须创造出更高圈层需要的价值。只有这样，职场人才有可能接触到更高圈层的人，并有机会学习他们的思维，获得新的资源和机会。

破圈三部曲

在一个圈子里待久了，这个圈子就会变成舒适区。如果一直停留在舒适区里，就很难实现向上发展。破圈，就是要打破固有的界限，离开舒适区，与其他圈层中的群体交流，获得更多的人脉与资源。对于职场人来说，破圈能够让更多的人看到自己、认识自己并信任自己，让自己的价值能够在不同的圈层中流动。

6.2.1 梳理关系，搭建人脉关系网

大部分人更喜欢和与自己经历相似、价值观相同的人交往。例如，相似的家庭背景或职业发展经历，人际关系比较和谐。但如果我们总是结交和自己相似的朋友，就很难让自己的生活或者事业有所发展。

社会心理学的一项研究表明，在人的一生中，能够与其维持一段关系的朋友不超过150个。职场人可以尝试在这些朋友中找出比较优秀的，并与他们进行深度的交流和沟通，在此基础上逐步搭建起自己的人脉关系网。

一个能对职场人产生帮助的人脉关系网需要具备3种特性：广泛性、连接性、动态性。职场人需要认识来自各行各业、不同层次的人，努力成为连接不同人的桥梁，成为信息流通的中枢。在这个过程中，职场人自身以及所处的圈层将会发生变化。

如何搭建人脉关系网？

首先，职场人要善于展示自我，尽可能多地分享，让别人发现自己。交往是相互的，职场人需要提供价值，这样才能吸引别人的注意，才有机会接触更多的人。因此，职场人应该学会在任何时间、地点都能够展示自我，让别人发现自己。

职场人输出的内容越多，就越有可能被更多人看到，其中不乏一些比自己更优秀的人。如果职场人想要和这些人产生联系，就必须向他们提供价值和帮助，让他们得到自己想要的利益。

其次，职场人可以通过主动参加一些项目或者外部活动，搭建或扩展自己的人脉关系网。职场人也可以自己主动建立兴趣社团，通过共同爱好聚集志同道合的人，组织大家参加线上或线下活动。在活动过程中，职场人可以利用自己的人脉关系网，认识新的朋友。

每个人都有自己的交友圈。比如，职场人想要结交的人可能刚好是朋友认识的人，职场人就可以通过朋友的引荐认识他。如此一来，人脉关系网就会逐渐扩大。

最后，任何关系都是需要花费时间、精力去维系的。无论是认识了多久的人，长时间不联系，关系也会慢慢变淡。因此，职场人一定要与已经结识的人保持联系，如节日问候、偶尔的聚会小酌、不时地分享一些有趣的事情、主动提供帮助等。

6.2.2　加入团体，实现资源共享

每个人都有自己所处的圈层，对所处的圈层进行评估，我们就会发现可供自己交换和调配的资源其实十分有限。而且我们可能惊讶于，竟然从未意识到自己长期处于一个封闭的圈子里。有了这样的认知后，我们才能打破固有的封闭状态，突破资源的局限，实现圈层突围。

社交的本质其实就是"等价交换"。在职场人的日常生活和工作中，存在各种各样的团体，职场人可以主动接触、了解这些团体的成员，找到可以与自己共享资源的人。

实现资源共享的前提是建立信任。职场人如何才能快速地与特定团体中的成员建立信任关系呢？

职场人可以主动和团体成员分享一些小秘密或者一些不会在公开场合谈论的话题。分享之后，团体成员会对职场人有更进一步的了解，才有可能对职场人产生信任感。

职场人可以在团体中做一个给予者。心理学的互惠原理表明，想要从别人那里得到什么，就必须先分享自己的东西。在圈层中也是如此，想要获得别人拥有的资源，职场人必须先分享自己的资源。

每个人都有自己擅长的方面。通过共享自己拥有的经验、知识等资源，职场人可以帮助别人解决问题。通过共享自己的资源，职场人在展示自己的同时也能获得别人的认可和信赖。

信息是一种资源，职场人可以分享的信息资源有3种。

（1）自己知道，但别人不知道的信息。

（2）大家都知道的信息，但由于各自擅长的领域不同、观念不同，对信息的解读也不同。职场人可以分享自己对信息不同的看法，或许会给别人提供独特的价值。

（3）职场人可以把过于分散杂乱的信息系统化地整理好，分享给大家，帮助大家节省时间。

信息资源共享能够将已有的信息整合加工，方便大家直接利用，加深了彼此之间的信任，有助于其他资源的共享。只有职场人与团体中的成员建立起足够坚固的信任关系，资源共享才有实现的可能。成功实现资源共享后，职场人能调配和使用的就不仅是自己手里的资源，团体中流动的资源，职场人都可以使用。

6.2.3 参加行业活动，结识行业大咖

想要获取更有价值的资源，进入更高圈层，职场人就要积极参与一些行业活动。通过参加行业活动，职场人可以获取最新的行业发展情况，了解新的技术和产品，还可以展示自己的能力。

这些活动通常邀请很多行业大咖分享自己的经验。职场人在学习经验的同时不要忘记表达自己的观点，尝试给大咖留下一定的印象。人在面对自己不熟悉的人时总会抱有警惕之心。职场人需要消除大咖对自己的不信任，拉近与对方的距离，抓住机会与其产生更进一步的联系，获得更多的发展机遇。

与大咖取得初步联系只是第一步，接下来职场人需要想办法和大咖私下见面。见面之后，职场人可以尝试唤醒他对自己的记忆，并努力向大咖推销自己。在见面之前，职场人需要做好充分的准备，了解大咖的需求和关注的领域，准备好有吸引力的自我介绍。

想要与大咖长久交往，职场人就必须制造持续见面的理由，如共同的兴

趣爱好。职场人可以借助共同的兴趣爱好与大咖建立长期的联系，使这段关系逐渐转化为生活中必不可少的一部分。最好的做法是，职场人提出一个对方感兴趣的项目，邀请对方合作，这样更顺理成章。但由于圈层之间存在信息差，因此通常职场人所掌握的信息，对大咖来说价值不大。

与行业大咖结交其实也是交朋友，因此职场人就要像交朋友一样，在与行业大咖接触时要坦诚，先将心中功利的想法抛之脑后，避免任何带有目的性的行为使大咖感到不舒服。

持续经营：发挥圈层能量

不是进入更高圈层就万事大吉了，职场人还需要持续地经营自己在圈层中的形象，努力提升自己，让自己在圈层中一直具有价值，能够为他人提供帮助。与圈层中的其他人共享资源、优势互补，这样人才能够在圈层中站稳脚跟，实现合作共赢。

6.3.1 利他主义：积极帮助别人，敢于投资

想要在更高的圈层中立足，除了要拥有别人需要的特殊资源外，职场人还要乐于帮助别人，敢于在圈层中投资。职场人要有利他主义精神，即站在别人的角度考虑事情，主动为别人提供价值。在这个过程中，职场人为别人

创造了多少价值，自己就能拥有多少价值。

利他主义有以下几个特征。

（1）目的是帮助他人。

（2）不求精神或者物质上的回报和奖励。

（3）自愿提供帮助，尽管可能会有所损失。

在心理学中，这种以利于他人为目标的行为被称为"亲社会行为"。帮助别人其实也是一种投资，人们总是期待帮助别人后也能得到对方的帮助。互帮互助是维持合作的一种方式，能够帮助群体实现更大的价值，促进人与人之间合作共赢。

职场人要敢于做这种投资，积极向他人提供帮助。这个过程其实是相互的，一个人不可能永远只寻求别人的帮助而从来不付出回报，因为这样的人会慢慢失去朋友，也很难再得到帮助。只有经常给予别人帮助的人，才会在需要帮助的时候得到别人的帮助。主动向他人提供帮助其实就是投资，尽管这是有风险的。

比起雪中送炭，大多数人更愿意锦上添花。因为雪中送炭往往是风险大于回报的投资。但在圈层中，这种投资是有必要的。圈层中的利他主义体现在3个方面。

（1）向他人付费，肯定他人的价值。

（2）在自己的能力范围内向他人提供服务。

（3）不要担心在这个过程中会吃亏，这是一个向别人展示自己的机会。

在帮助别人的过程中，自然会有人被我们的实力所吸引。当我们成为一个有能力且愿意为他人提供帮助的人时，人脉就会自然而然地向我们靠拢。

6.3.2　资源置换+优势互补，实现合作共赢

资源置换就是将自己拥有的资源和其他人的资源进行交换，利用自己多余的资源来换取对方手里自己需要的资源，各取所需，互利共赢。可用于置换的资源包括人力、物力、财力等，通过置换，职场人可以获得更多有用的资源。

俗话说，多一个朋友多条路。在圈层中交换资源，职场人能获得其他人的资源，开辟更广阔的发展空间。同时，这种物物交换的方式还能降低职场人的职业发展成本，与其他人实现合作共赢。

在进行资源置换前，职场人首先要整合自己的资源，明确自己需要什么资源，作为交换，自己又能拿出什么资源，如何才能实现资源置换？

（1）在社交媒体或相关的应用软件上发布自己的需求，并列出自己所拥有的可以交换的资源。通过网络数据的查找匹配，找到对自己的资源有需求的人，与其进行更深入的沟通与谈判。

（2）通过自己的人脉关系网实现供需资源匹配。如果职场人发现自己拥有的资源是别人需要的，而对方恰好也掌握着自己想要的资源，那么可以通过自己圈层中的朋友与资源拥有者取得联系，各取所需。

除了资源置换，职场人还要和圈层中的其他人优势互补。没有哪个人是

全能的。职场人要找到自己在圈层中的特殊性，在他人短缺的方面发挥自己的优势，实现优势互补。此外，职场人还要确保自己的利益与圈层的利益一致，在圈层中找到自己的定位，充分释放自己的价值。职场人如何在圈层中实现优势互补呢？

首先，确定自己的优势。职场人可以从自己做成的事情或获得成就感的事情中寻找自己的优势，或者对自己反复做的工作进行归纳总结，在解决问题的过程中所体现出的能力就是自己的优势。职场人的优势也可以是拥有的人脉、性格等。

其次，善于发现他人的优势。职场人可以通过长期的观察和沟通来确定对方是一个什么样的人，在心里给他贴上相应的标签。那些积极、正向的标签，就是他人的优势。

最后，要主动和大家形成互补。职场人要主动展示自己的优势，让别人注意到自己，知道自己的长处所在，并在以后有需要的时候想起自己。职场人也要主动寻求别人的帮助，借助别人的优势弥补自己的短板。

在圈层中实现资源置换和优势互补，职场人能够与圈层中的人产生密切的联系和更深的羁绊，利用圈层中的人脉和资源不断提升自己的能力，最终实现合作共赢。

6.3.3　提升能力与认知，实现圈层扩展

人的认知与能力会随着生活阅历的增加而发生变化，但这种变化并不能

弥补人与人之间的认知差。职场人想要在圈层中立足，就要消除这种认知差，提升自己的能力与认知。想要快速提高自己的能力与认知，职场人要做到以下几点。

（1）多读好书。书籍是人们学习知识的基础工具，书中有前人总结的丰富经验和知识。职场人可以通过阅读在前人的基础上搭建自己的知识体系，并将学到的知识付诸实践。如果不能将书中的理论转化为实践，那么学习再多也没用，只有不断地实践，才能将书中的知识变成自己的财富。

（2）多结识认知水平高的人，多与他们互动。这样能够快速提升自己的认知与能力，使自己的视野变得更加开阔。

（3）重新建立自己的认知体系。通过不断的学习和实践，以及在与身边更优秀的人交往的过程中受到的潜移默化的影响，职场人能够对生活、工作，甚至自己的人生，有新的理解和认知，在此基础上构建起新的认知体系，让自己的能力和眼界都能够得到提升。

当认知和能力提升到新的高度，职场人就会吸引更多的人，扩展自己的人脉和资源。这时，职场人的关注点就不再局限于自己的行业和偏好，而是放开眼界，逐渐扩展到与自己生活、工作相关的领域，进入更多能够帮助自己的圈层。想要实现圈层扩展，职场人要做到以下几个方面。

首先，要明确目标，不能盲目。职场人想要扩展自己的圈层往往是出于某种需要，可能是为了更好地提升自己，发现自己潜在的能力，让自己的优势转化为财富；也可能是为了改正自己的缺点，弥补自身的短板，使自己的竞争力可以再提升一个台阶。

第6章 圈层赋能：借更高圈层获得更多资源

其次，要合理规划并利用自己积累的资源。当圈层得到了扩展，可供交换、共享的资源就更多了，新一轮的资源置换和优势互补也就随之开始。职场人需要了解自己手里的底牌有哪些，这样才能在扩展后的圈层中得到自己想要的资源。

最后，要在不断扩展的圈层中扩大自己的影响力。职场人的人脉和资源是决定其影响力的重要因素。当职场人所处的圈层扩大后，拥有的资源就会被稀释，因此职场人必须让自己的影响力随着圈层的扩展而扩大。在圈层中有着足够大的影响力，职场人就更容易获得新的人脉和资源。

第7章
制度与流程设计：
制度管人，流程管事

制度与流程，是团队或企业正常运转的保障。如果没有制度的约束，任何团队或企业都会陷入混乱；如果没有流程来管事，团队或企业的发展会遭遇重重阻碍。为了实现良好的团队管理，对制度与流程进行精心设计，是每个团队管理者的必由之路。

为什么制度管人势在必行

当前，许多团队或企业中仍然存在缺乏制度约束、内部混乱的情况。只有坚持用制度管人，才能保证员工严于律己、充满工作激情，为集体的发展注入无穷的力量。

7.1.1 人情充斥职场，制度沦为摆设

在"人管人"模式下，管理者往往过于看重自己的权力，滥用人情关系，忽视员工的处境与内心想法。长此以往，会导致制度失效，团队缺乏凝聚力，人才流失。

小李毕业后经过3轮面试成功进入一家私企。他虽初入职场，但能说会道，技术过硬，工作积极性很高，很快便得到了公司上下的一致认可。可到了年底评优的时候，能力强、人缘好的小李，却败给了老板的侄子。

公司有制度，却形同虚设，公司大小事宜不是"制度说了算"，而是"人说了算"。大多数员工在职场中都经历过这种事情。甚至许多员工认为，老板就是"法"，即便有制度，但是遇到问题还是下意识地询问老板。而老板也习惯了自身就是制度，即便他的命令与团队的现有制度冲突。长此以往，员工失去了行动自主性，团队合作、沟通的成本随之增加，办事效率越发低下。

而在一个制度完善的团队里，面对员工的请示，管理者正确的回应应当为：按制度和流程执行。如果制度、流程有问题，则讨论制度与流程的问题是什么，及时完善制度与流程；如果没有问题，则按制度与流程执行。员工按照制度、流程工作，团队才能摆脱"人治"，实现高效运转。

7.1.2 上下级关系亟待优化，员工管理应加强

很多团队中都有"刺头"员工：具备一定的工作资历，不合群，不善于合作、分享，不认可制度，甚至经常顶撞领导，散播消极言论和思想。这类人中不乏一些具备出众的专业能力的人，他们加入团队，能使团队如虎添翼。

这类"刺头"员工，不仅会使团队中的上下级关系十分紧张，降低团队管理者在团队内部的威信，还会影响整个团队的氛围。

因此，对于团队内的"刺头"员工，管理者需要根据其特点，制定相应的管理对策。"刺头"员工可以分为以下4类，如图7-1所示。

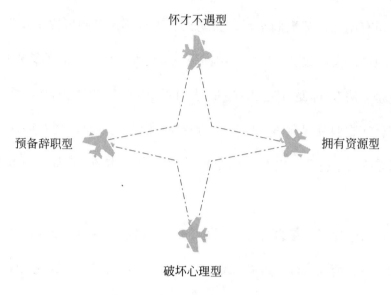

图7-1 "刺头"员工的4种类型

1. 怀才不遇型

这类员工的优点很明显：聪明、有个性、创意丰富、个人能力强等。与此同时，因为具有上述优点，所以他们往往恃才傲物，拒绝与其他团队成员交流、分享。他们自认为怀才不遇，容易低估同事、领导的业务能力。

管理这类员工，管理者应以引导为主，充分利用他们的特长和心理，将他们安排在合适的岗位上，让他们尽可能独立完成能发挥创意的新奇工作。管理者也可以适当利用"马蝇效应"，找到合适的激励点，刺激并引导他们发挥实力，卖力工作。

2. 拥有资源型

这类员工常常是有背景的重要人物引荐的"关系户"，而重要人物及其背景很可能是团队需要的资源或得以存续的关键，因此团队无法舍弃这类员工。

而这类员工深知自己是重要的"关系户"，常常狐假虎威炫耀自己的后台资源，一旦工作出错就会将后台当作"挡箭牌""免死金牌"，以规避处罚，给团队管理造成许多麻烦。

管理这类员工，管理者需清楚他们依赖靠山的心理，依据其实际能力给其安排合适的岗位。如果这类员工有能力，管理者应当对其取得的成绩给予肯定与认可，但需要注意程度，以免其产生自负心理。当他们出错时，管理者必须正面处理，坚决不能退步和忍让，以免助长这类员工仗势欺人的气焰。管理者可以与其私下沟通，保全其面子。

对于能力平平、爱炫耀的"刺头"员工，若管理者贸然将其开除，可能会引发一些风险，如失去资源。因此，在管理这类员工时，管理者应以"隔离"为主，尽量给其安排一些无关紧要的工作，避免他们接触到团队的核心事务，引发一些麻烦。

3. 破坏心理型

这类员工往往有逆反心理，对团队文化不认同，常常私下散布消极言论，对周围环境和事物加以丑化，到处煽风点火，破坏团队的氛围。

产生这种心理的原因大多是他们曾受到不公平的待遇或家庭给予他们过大压力。这类员工由于无法消化自身的消极情绪，便将情绪带到生活和工作中，仇视、打击积极者，试图将团队氛围无限拉低。如果团队中存在这类人，冲突、矛盾往往很多。

管理者在管理这类员工时，要先耐心与他们沟通，了解他们产生逆反心理的原因，帮助他们打开心结。此外，管理者要多向他们灌输团队意识，使其认识到团队的重要性，帮助他们消除对团队的偏见。

4.预备辞职型

这类员工由于即将离职，与团队的利益关系极弱，因此不再重视团队的制度和管理规范，工作状态消极，还会影响团队其他员工的情绪，使团队整体工作效率下降。

预备辞职的员工大多对团队现状不满，希望通过跳槽来实现对个人价值和金钱的追求。在面对该类员工时，管理者应谨慎处理，防止矛盾激化。

某公司的老板在员工离职前都会和他们谈话。在谈话中，该老板对员工百般挽留，对员工提出的各种条件无底线地同意。这导致其他员工纷纷效仿，最终该公司的薪酬制度崩溃。

面对预备辞职的员工，管理者应切记，不要为了留住他们而许下难以兑现的承诺。因为一旦承诺无法兑现，该类员工会对团队和管理者更加失望，亦会引起其他员工的效仿，这会严重影响团队的稳定和业务的正常开展。

若预备辞职的员工是团队中的精英，管理者应耐心和他们沟通，了解他们离职的原因，与他们畅谈公司发展规划和公司能给他们提供的成长空间，以稳住他们。随后在日常工作中，多加留意这类员工的表现，及时安抚他们的不良情绪。

而对于去意已决或合理变动的员工，管理者要明白，强留可能导致员工愈发不满，即便员工留下也心不在此。面对这类员工，管理者只要和其适当沟通，找好后续接替人员即可。合格的管理者会依据和员工的谈话及时检讨，检讨内容包括管理方式、管理体系、薪酬绩效体系等，如果发现存在影响员工心态的管理缺陷，就要及时弥补。

7.1.3 劣币驱逐良币，弱者反而居高位

"逆向淘汰"是指德才兼备的人才在职场中反遭冷落、排挤，甚至打压。正常而健康的职场应该是能者居高、弱者淘汰。然而在现实中，由于种种原因，劣币驱逐良币、弱者反而居高位的现象十分常见。

在职场中，出现"逆向淘汰"现象的原因较多，最主要的有如下两点。

1.能者多劳

能者多劳本是褒义，但在职场中却变质了。若管理者给能力强的员工安排大量工作，会导致他们滋生不平衡的心理，同时助长能力弱的员工的侥幸心理。前者会抱怨，自己努力、认真反倒引发牺牲个人时间承担更多工作的后果，后者会沾沾自喜于因自身能力差反倒落得清闲。

如此一来，认真工作的人越来越少，工作重担就全落在能力强的员工身上，最终使其崩溃。

2.做少错少

在职场中，对待员工犯错，管理者应给予适度包容。一旦苛求员工不犯错，员工很可能因为担心犯错而少做事，工作积极性大幅降低，无法产出有创造力的成果。

因此，管理者应当做到合理分配工作任务，并且需要根据任务完成质量、效率的高低，合理分配薪酬。这样能使工作能力强、工作质量高的员工得到更多激励，使"能者多劳"转变为"能者多得"。

此外，管理者还应对员工所犯错误进行具体分析。如果员工触犯了规则，或者由于粗心大意犯了本可以避免的错误，管理者就需要严肃处理；如果工作本身有一定的难度，容易出现失误，那么管理者应自行分辨任务难点，为员工提供必要的帮助、指导，降低员工犯错概率；对于那些成功率非常低的任务，管理者应该鼓励员工多尝试。

7.1.4　领导难以用正确的态度审视下属

没有天生的管理者。为了实现对员工更好的管理，管理者需要在各种工作任务中对团队中的所有成员进行观察、考核与评估，并不断完善自身的管理方式。

管理者管理好员工的基础之一，是能以正确的态度审视员工，给予员工客观的评价。然而，在实际管理中，许多管理者会因为自己无意识的主观倾向，对员工产生片面的印象，并根据这个印象为员工安排不恰当的岗位或工作，致使员工的能力无法有效发挥，对团队的归属感很弱。

导致这种主观评价存在的具体原因有如下3点，如图7-2所示。

1. 首因偏差

一位心理学家曾做过一个实验：召集两名摄影师拍摄同一个人。他对第一名摄影师说："这个人是一位穷凶极恶的罪犯。"他对第二名摄影师说："这

第7章 制度与流程设计：制度管人，流程管事

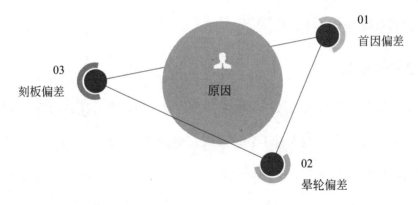

图7-2　管理者对员工进行主观评价的3点原因

个人是一位著名的慈善家。"之后，两名摄影师为这个人拍摄肖像。在第一名摄影师的镜头下，这个人目光阴沉、神态刻板，而第二名摄影师的镜头则刻意捕捉了这个人的笑容，并且抓拍到了他柔和的眼神。

这个实验表明，若人们对一个人的第一印象是积极的，则在后续相处中，人们会更倾向于挖掘对方美好的品质；若第一印象是消极的，在后续相处中，人们更倾向于揭露对方令人厌恶的特性。

美国社会心理学家洛钦斯指出，当我们与某人第一次接触时，往往会对这个人形成一个最初的评价，这个评价就是我们对其的第一印象，而由这个第一印象所引发的一系列反应，就称为首因偏差。

在管理员工的过程中，也会发生类似的情况。例如，管理者先入为主地认为某员工具有认真负责的品质，即使该员工在后续工作中出现了失误，管理者也会觉得人无完人，更容易包容他的失误。但若管理者先入为主地觉得某员工是一个"刺头"，那么，该员工在日后工作中出现了很小的失误，都会加深管理者对他的负面印象。管理者在评价员工时，不应依据片面的第一

印象，而应综合考量其素质。

2. 晕轮偏差

晕轮偏差是指某人的某种特征或品质过分突出，像月亮的晕轮一样向周围弥漫、扩散，导致他人看不到这个人其他的特征或品质。在评价过程中，管理者不应只看到员工某一方面的优点，而忽略了他的其他优点或缺点，否则就容易以偏概全。

晕轮偏差对管理者的启示是，在评价员工时，一定要综合考量。例如，部分员工性格内敛，但工作负责，而有些员工善于交际，口才出色，但实际工作成果不尽如人意。管理者评价员工时，应广泛收集信息，进行全面考察，尽量避免评价的片面性。

3. 刻板偏差

刻板偏差是指人们在接触一个人时，常不自觉地按年龄、性别、职业、民族等特性对其进行分类，在脑海中对其形成固定的印象，并以此作为判断其品性的依据，给其打上标签。

最常见的刻板偏差是第一次见到某人时，就根据他的穿着打扮、言谈举止把他归类到某一群体中，如女强人等。在日常管理中，管理者经常会依据员工对待工作的态度、交际水平等把员工分为若干类，从而采取不同的管理对策进行管理。

对员工定性在一定程度上方便管理者开展管理工作，但如果管理者没有充分了解员工，以偏概全去定性，就会对员工产生不正确的刻板形象，形成偏见。管理者必须全面了解员工，这样才能对员工做出正确的判断，科学地管理员工。

制定科学制度，约束全体下属

制定制度是一门很深的学问，单纯地照搬或模仿并不能使其真正发挥作用。团队管理者需要根据制定制度的六大原则，以及团队的具体情况，制定合理且行之有效的制度，并在团队发展过程中不断更新、完善制度。

7.2.1 制定制度的六大原则

团队的成功，离不开完善的制度。优秀的制度可以保证团队高效运转，推动团队发展，实现团队内部的公平、公正、公开。优秀的制度还能为管理者的管理提供保障，有利于团队整体素质的提高和团队的长远发展。

制度必须严谨，管理者在制定制度时，需要遵从以下六大原则。

第一，适用性。要从团队的实际情况出发，综合考虑团队的规模、业务类型、特性等。制度不仅要体现团队的特点，还要具备可行性和适用性。

第二，科学性。要遵从管理的客观规律，依据管理学的普遍原理和方法。

第三，必要性。要从团队需求出发，必要的制度一个都不能少，不需要的制度能免则免，否则会适得其反，影响团队正常运转。

第四，合法性。制度不能违反法律、行政法规。

第五，合理性。一方面，制度要严谨、公正；另一方面，要考虑到人性的特点，不能过于冷血和死板。

第六，完整性。制度要完整，因为管理制度本身是一个体系，其内容要全面、系统。

7.2.2 剔除无效制度，避免制度重复

随着团队的不断发展，可能会因为开展新业务、领导提出新要求而出现制度过剩的现象。制度与制度之间重复、交叉，新老制度叠加，形成了繁杂的制度体系。在具体执行时，员工不知道以哪个制度为准，影响工作有序开展。

那么，如何在制度体系建设过程中剔除无效制度，避免制度重复呢？以下几点方法可供管理者参考。

第一，建设清晰的制度框架体系。管理者应该明确团队需要哪些制度，并将所需制度的名称列出来，建设一个科学、完整的制度框架体系。这样才能够实现制度对业务的全覆盖，同时又能使制度之间不交叉、不重复。

第二，在制定一项制度之前，要给出制度说明，阐述制度的目的、内容、管理范围等。管理者还要把握好新制定的制度与其他相关制度之间的关系，尽量避免制度交叉，如果无法避免交叉，就要做到不能产生冲突。

第三，形成协调审查的机制。制度大多是由各部门的管理人员负责草拟的，但是由于一个项目往往需要多个部门协同完成，因此制度的内容会涉及多个部门，这会导致制度草拟人可能会接触到自身不熟悉的其他部门的业务，就需要有关部门来审核把关。除了审核制度是否能够满足业务实际运行需求外，还需审核新制度与已有制度是否重复。

第四，管理团队每年制订一份制度建设计划。管理者应从整体入手，排查多余制度，修订已有制度，调整不符合管理现状的制度。

上述方法能有效避免制度冗余现象，使制度能够指导、规范团队运行和业务发展。

流程管事：打造完善的流程管理系统

流程管事，是团队管理的重点。打造完善的流程管理系统，能够使各项业务运行得更加顺畅，使团队的工作效率得到大幅提升。通过流程框架设计、流程成熟度评估，团队能够建立起较为完善的流程体系。

7.3.1 工作标准化，业绩目标早实现

团队中的每项工作都不应随意开展，而应是标准化的，即先做什么，后做什么，都应该有固定的工作流程。标准化的工作，既能快速实现业绩目

标，也能使成功的经验得到复制。因此，即使是再小的工作，也应该标准化处理。

上海某家公司的销售经理刘某，对此深有感触。刘某的上级领导每个月都让她提供预测表，预测表中的内容包括每个项目所处的状态、成单概率、成单月份。起初刘某很不理解上级领导的用意，感觉很麻烦。因为预测表要填写大量的统计数据，她不清楚填写这些内容的作用是什么。事实上，刘某没有深入了解过预测表中的内容。预测表将一个项目分为多个阶段，这其实是销售流程的具体呈现。由于刘某不明白其中深意，因此执行效果大打折扣。

随着工作时间的增加，员工会慢慢地意识到有些工作的流程基本上是一样的。

什么是流程？从定义上来看，流程就是一系列系统化的行动，也可以认为是为了达到某一目的而采取的一系列明确的、可重复的措施。按照一定的顺序采取这些措施、行动，基本上能够达到预期结果。如果工作有流程可依，就会变得简单很多，完成的效率也会得到提升。

A公司对销售部门实行了流程管理，对此，不同的人持不同的态度。销售经理对此较为支持，并且十分期待流程管理为团队带来效益提升。而部分销售人员则对此持反对态度，因为信息录入工作主要由销售人员完成，给销售人员增加了不少的工作量。这些销售人员认为，销售流程管理仅对销售经理有利，减轻了销售经理的管理压力。

其实不然，流程管理同样能为普通员工带来收益，具体体现在以下6个方面，如图7-3所示。

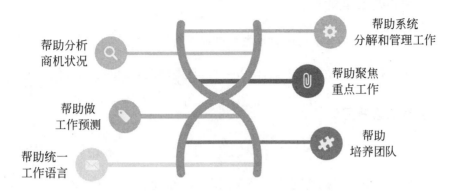

图7-3 推行流程管理对员工的益处

1.帮助系统分解和管理工作

员工和管理者可以通过流程管理,按顺序把项目运作与实施的流程划分为几个阶段,在每一个阶段采取相应的行动,从而有条不紊地开展工作。

2.帮助分析商机状况

流程管理可以形成漏斗图。员工和管理者可通过漏斗图分析当前的商机状况,如商机能否支撑目标完成、如今处于哪一阶段等,从而诊断和发现工作中的不足。如果商机不够,就需要加强推广,促进更多的商机产生。如果商机充足,就要分析各阶段分布状况,以及为了达成工作目标,各阶段的工作如何进行。

3.帮助聚焦重点工作

流程管理可以帮助员工和管理者识别重点项目和关键节点,有助于他们充分了解项目所处的状态,从而制定有针对性的方案,对特定项目进行重点跟踪。

4.帮助做工作预测

流程管理可以帮助员工和管理者明确项目所处的阶段。这样一来，员工和管理者对工作的预测就能更加具体和准确，从而促进公司的运营计划落地。

5.帮助培养团队

好的流程可以让平庸的人变得优秀。流程管理可以总结优秀工作经验，新入职的员工可以根据流程顺利完成工作，从而迅速提高工作水平，实现团队绩效和个人绩效的提高。

6.帮助统一工作语言

流程管理有利于团队形成统一的工作语言，进而有利于团队内部员工的沟通和交流。

管理的最高境界是标准化。科学的管理制度是值得模仿和复制的，而模仿和复制是提升团队整体效率的关键。

7.3.2 流程框架设计：建立流程化的架构

当前，越来越多的企业开始实施流程管理，以提升效益。为了实现流程管理，首先企业需要进行流程框架设计，建立流程化的架构。流程框架设计，包括流程规划与流程梳理两部分。

流程规划是流程框架设计的前提。科学的流程规划能确保企业管理体系拥有良好的框架。企业管理者在进行流程规划时，要注意两点：一是流程规划要从上到下逐级分解和细化企业战略；二是流程规划要自上而下地进行岗位职责梳理，过程如图7-4所示。

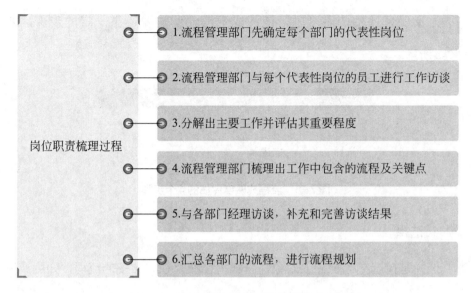

图7-4 流程规划前岗位职责梳理的过程

以上是岗位职责梳理的过程。只有对岗位职责有清晰、明确的了解，才能准确地进行流程框架设计，使流程框架能够符合团队的具体工作需要，使团队的工作效率得到有效提升。

在完成流程规划后，就需要进行流程梳理。在这一过程中，流程管理部门需要确保流程规划后的每一个流程都能得到合理的安排与设计。同时，流程梳理要与管理目标实现有效对接，尽可能省去没有实现增值的环节。

7.3.3 流程成熟度评估：保证管理行为与结果一致

管理者还要对流程成熟度进行评估，以找到流程中存在的问题，然后解决这些问题，优化流程。不断地重复这一过程，能够提高团队的工作效率以及资源的合理配置程度，使管理行为与结果保持一致，快速实现管理经验复制。

为了保证评估的客观性，流程成熟度评估需要遵循一定的步骤，如图7-5所示。

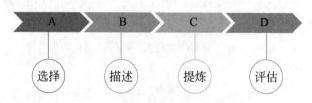

图7-5　流程成熟度评估的4个步骤

1.选择

选择是指选择流程评估对象。企业内往往存在非常多的流程，如生产流程、销售流程、采购流程、招聘流程等，但并非所有的流程都可作为评估对象。管理者需要结合企业业务经营或管理的特点，选择关键流程或流程中的关键环节作为评估对象。

企业内有哪些流程可作为评估对象？如图7-6所示。

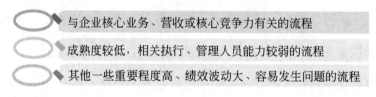

图7-6　可评估的流程

选择具有以上特征的流程作为评估对象，一方面，符合管理的二八法则；另一方面，有利于控制流程评估的成本，提高产出，把握重点，节约资源，真正为企业解决问题，创造更多价值。

2.描述

描述是指描述流程评估对象。目前普遍采用的描述流程评估对象的方法是绘制流程图。流程图可以清晰地展示流程中的各个环节的工作内容和流转方向。

在描述流程评估对象时，管理者要注意以下几点。

（1）描述的根本目的是真实还原流程运行现状。

（2）表明每个流程的环节、活动、负责人。

（3）流程描述的内容包括流程的目标与执行范围。

（4）流程工具应简单规范、功能详尽，以便后期修改、管理时便于操作。

3.提炼

提炼是指提炼评估指标。管理者要根据业务的实际运作情况提炼出相关量化指标，以了解流程目前状态，进一步监控并分析流程的运行状况。提炼流程评估指标时，管理者要遵循的原则有：科学性原则、系统优化原则、通用可比原则、实用性原则以及目标导向原则。

4.评估

评估是指评估流程现状。在提炼出流程评估指标后，管理者就可以收集相关数据，评估流程现状。通过对数据进行横向与纵向比较，管理者可以进一步详细分析变化原因，结合流程图深入调查哪一环节出现了问题，并探寻问题根源，找到相应的解决办法。

流程管理需要长期坚持，循序渐进，以持续性地提升企业的运营及管理水平。流程成熟度评估作为企业流程管理中承上启下的重要环节，需要长期开展。

第 8 章

统筹全局：
学会谋篇布局

统筹全局，是管理者必须具备的能力。与普通员工不同，管理者需要以团队或企业的全局视角，从集体利益出发，对团队中的各项事务进行统筹规划，包括工作安排、资金管理、应对突发事件等。只有管理者具备全局视野，才能确保各项工作能够顺利推进。

8.1 统筹工作安排，确保工作顺利进行

合理安排工作任务，统筹工作计划，是保证工作能够顺利推进的重要前提。统筹工作安排，首先，需要明确团队目标；其次，在目标明确后，需要将目标分解，将任务落实到个人；最后，在工作推进的过程中，管理者需要积极承担监督责任，对员工的工作情况进行全程监督，及时解决出现的问题。

8.1.1 明确团队目标：以SMART原则为指导

目标管理是以成果为标准，以人为中心，以目标为导向，使个人与组织能够取得最佳业绩的一种现代管理方法。目标管理又可以称为成果管理，俗称责任制。在具体的工作实践中，目标管理以员工的积极参与为前提，在企业内部自上而下确定工作目标，并保证员工能够实现良好的自我控制，共同促进目标实现。

管理学大师彼得·德鲁克表示，并不是先有工作，之后才有目标，恰好相反，是有了目标之后，才能更好地确定每个人负责的工作。这体现出目标管理在职场中的重要意义。

团队目标是衡量团队绩效的标准。在制定团队目标时，管理者需要确保目标具有以下3个特征。

（1）具有可操作性，能够转化为具体的工作任务；

（2）能把各种有用的资源集中在一起；

（3）是影响团队发展的不可或缺的因素之一。

为了科学、合理地制定团队目标，管理者可以以SMART原则为指导，对目标进行具体分析。

SMART原则主要包括以下5个方面，如图8-1所示。

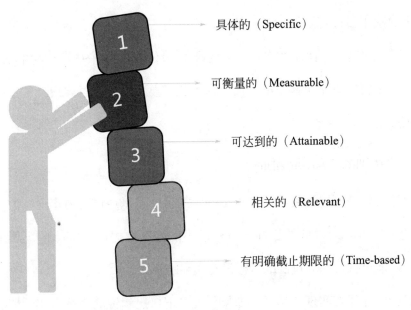

图8-1　SMART原则的内容

1. 具体的（Specific）

目标必须是具体的。管理者制定的目标要切中特定的工作环节，不能模糊不清。明确的目标是指所要达成的行为标准必须能够用具体、详细的语言清晰地阐述。几乎所有成功的团队都有一个明确的目标，很多团队没有取得成功的原因就是制定的目标不够明确，模棱两可，从而在执行目标时，缺少一个明确的方向。例如，某个团队的目标是"增强客户服务意识"，这个目标就很不明确。如果把这个目标变成"将客户投诉率从3%降低到1.5%"，这样目标就具体了。

2. 可衡量的（Measurable）

目标必须是可以衡量的。管理者制定的目标必须数量化或行为化，可以轻松获得验证绩效指标的有效数据或者信息。制定的目标能否实现，在一定程度上取决于目标能否被衡量。此外，必须有一组明确的数据作为衡量目标是否达成的依据。例如，"这周我们要拜访10位客户，并完成1个团队建设方案"这个目标就是可衡量的，而"这周我们要多拜访几位客户"的目标则很难被衡量。

3. 可达到的（Attainable）

目标必须是可以达到的。这是指制定的目标可以通过努力实现，但一定要避免设立过高或过低的目标。目标既不能好高骛远，与实际情况严重脱节，又不能过低，因为过低的目标没有实现的意义。

目标必须能够实现和达到，如果管理者把自己制定的不符合实际情况的目标强加给员工，那么员工会产生心理或者行为上的抗拒，工作效率不会很高，反而是适得其反的效果。

例如，一个终端零售门店的规模不大，单件商品的价格也不高，客流量也不大，管理者却把月销售目标定为200万元。管理者设定目标时没有考虑门店的实际情况，设定的目标过高，员工根本完不成，因此消极应对，月销售目标也就成了"摆设"。

事实上，管理者不可能参与每一项工作流程，因此若工作目标由管理者一人决定，那么很容易出现目标可行性不高的问题。因此，在制定工作目标时，可以采用全员参与、协商的方式，来提升目标的可行性。

4. 相关的（Relevant）

管理者制定的目标要符合实际情况，看得见、摸得着，可以通过努力实现。目标的相关性是指目标要和其他目标具有一定的相关性，否则即便实现了单一的目标，对团队整体发展的意义也不是很大。

由于资源与时间都是有限的，且都需要付出成本，设定好任务与目标，就意味着需要付出相应成本，且在同一时间段内无法再尝试其他可能性。因此，目标需要与企业或团队的发展规划相符合，尽量避免做无用功。

5. 有明确截止期限的（Time-based）

目标的截止期限必须明确而清楚。目标的时限性是指目标有一定的时间限制，管理者应该特别注意目标的截止期限。倘若目标没有时限性，将会导致绩效考核不公正，从而降低员工的工作热情。例如，"销售人员要完成100万元的销售额"的目标就没有具体的时间限制。多长时间完成这些销售额？可以是1个月，也可以是1年。如果时间成本与成果产出不能对应，目标就失去了激励的作用。

在制定目标时，管理者需要根据任务的轻重缓急以及工作的权重进行安排，为目标设置不同的完成时间。这样就能够对目标完成进度进行定期检查，还能够对目标推进过程中的风险进行控制。需要注意的是，目标完成时间不是一成不变的，根据实际情况，管理者可以对目标完成时间进行相应调整。

8.1.2 目标分解，将任务落实到个人

制定目标是一项较为复杂的工作。在制定目标时，管理者要综合考虑产品、效益、市场、客户等诸多因素。无论企业规模大小，管理者要想实现目标管理，就要保证目标科学、合理。

为了制定更加科学的目标，管理者需要先分析上一年度的问题，找出原因，然后再综合考虑各种因素，如市场容量、市场竞争情况、政策发展方向、企业战略、产品情况等，最后制定出一个合理的目标。

有了清晰的整体目标，接下来需要将目标分解成具体且可操作性强的小目标，落实到每个员工身上。目标分解有两种方法：一种是自上而下法，另一种是自下而上法。

自上而下法指的是由管理者制定工作目标，然后再逐级分解给各个部门、各个小组、各位员工。那么自上而下地分解目标，具体应该怎么操作呢？有以下6种方法。

1.团队员工的分解

部门的总目标制定好以后，应该先将目标分解给团队的每个成员。

2. 各级市场的分解

大公司的经营范围非常广,甚至覆盖全国。相应地,目标就要分解到各个省、各个市、各个区。

在将目标分解至各级市场时,管理者需要确定各个区域需要完成的目标,并区分重点地区与非重点地区、存量地区与增量地区等。

3. 客户方面的分解

在进行客户方面的目标分解时,管理者需要明确的数据包括各级经销商与代理商的数量、老客户减少的数量、新客户增加的数量。此外,管理者还需要对客户的结构进行分析,例如,大、中、小客户的数量,及其在总量中的占比等。

4. 产品方面的分解

产品方面的目标分解需要考虑很多因素,如销售情况、销售比例、产品的库存、重点产品及目标销售额、新产品的铺货率及销量等。

实际上,这样的分解还不够细化。管理者最好能够了解每一位重点客户的消费需求,为每一位重点客户量身定制一份年度购物计划表,计划表中的数据一定要明确、清晰。

5. 月、季、年的分解

月度、季度、年度目标应依据上一年的月度、季度、年度目标制定,以数字形式体现,把年度目标分解到季度,再进一步将季度目标分解到月度,落实到团队每一位员工身上。

6. 利润的分解

管理者完成目标分解后，就可以把目标分解表交给财务部门，由财务部门计算出实现目标可以产生的利润。如果没有问题，财务部门就可以将目标分解表提交给上级；如果存在问题，调整之后再提交。

在制定目标时，财务部门的作用不容忽视。如果没有相关数据的支持，能力再强的管理者也无法制定出科学、合理的目标。

自上而下法是一种传统的目标分解方法。和自上而下法相比，自下而上法具有更多优势，也更符合现代化管理的潮流。

自下而上法指的是，员工制定好目标，然后逐级向上汇报，最后由最高管理者确定总目标的目标分解方法。目前，自下而上法被越来越多的团队采用，因为它具有以下3个优势。

1. 可以提高员工的责任感

如果由管理者制定工作目标，员工会认为目标是管理者意志的体现，他们只是被动接受。这会让他们有被强迫的感觉，在完成目标的过程中不情愿。

而采用自下而上法制定目标，员工可以自己做主，从而提高了完成目标的主动性和积极性。通常人们对主动争取到的东西有着强烈的责任感，并且愿意为它负责。

同样，如果管理者让员工自己制定和分解目标，他们会对这个目标负责，会尽自己最大的努力去完成目标。

2. 便于管理员工

工作目标一般是逐年递增的，而且管理者通常希望完成的工作越多越好，因此制定出来的目标难免过高，甚至不切实际。把这样的目标分解给员工，他们肯定会抱怨。

在这种情况下，员工可能会找理由，例如，产品吸引力不够、销售人员数量太少、市场竞争太大、销售策略不合理等，给管理者的管理工作带来非常多的麻烦。

员工制定目标，管理者只需审核目标是否合理并提出建议。例如，员工制定的目标过低，管理者可以建议他向其他员工的目标看齐；员工制定的目标过高，管理者可以建议他认真分析产品的市场情况及以往的销售情况，重新制定目标。

员工制定目标，管理者能够更加透彻地了解员工，有利于更好地管理员工，完善管理工作。

3.更好地了解市场和消费者情况

制定目标不是简单地罗列数字。无论目标是由管理者制定，还是由员工制定，都必须有科学、合理的依据，例如，销售区域的客户数量、销售阶段、市场竞争情况、消费者需求情况、消费者结构等。

员工制定目标时，由于他们对上述因素最为了解，因此提交的数据最能反映市场和消费者的真实情况。

自下而上法有这么多的优势，管理者在实践中应该怎样使用这种方法呢？管理者需要遵循以下4个步骤。

第一步：员工自己制定。

员工根据自己以前的工作情况以及目标完成情况，制定出与自己能力相符的工作目标，然后再制定针对每位客户、每种商品的目标，制定好以后交给领导。

第二步：逐级向上报告。

员工将自己的目标提交给组长，组长再提交给经理。经理需要对员工制定的目标进行分析，并做出一些适当的调整，然后再提交给部门负责人。这样就实现了目标的逐级上报。

第三步：明确目标。

部门负责人在得到各个级别的员工的工作目标后，要对其进行细致的分析，判断员工的目标是否符合团队发展战略，员工的目标总和是否达到团队总体目标。如果存在偏差，部门负责人应该对这些目标进行全面的调整，并上报给上一级领导进行审核批准。

第四步：分解目标。

部门负责人把最后确定的目标分解到每位员工身上，让经理、组长、员工签署目标责任书，正式认领自己的目标。

在现代团队管理中，自下而上的目标分解法越来越常见。管理者应该积极转变职能，从目标制定者转变为目标审核者、监督者，充分激发员工的主动性和积极性，促使目标高效完成。

8.1.3　全程监督，及时解决问题

管理者不仅需要分解目标，还需要对员工完成目标的过程进行全程监督，并在出现问题时，及时协助员工解决。在进行全程监督时，管理者需要

格外注意几个重要节点，如月初、月中、月末等。

1.月初紧

一般来说，人们做任何事情，都希望尽快取得成果。因此，管理者应该在月初的时候帮助员工实现"开门红"。管理者可以从以下几个方面着手帮助员工提高业绩，如图8-2所示。

图8-2　管理者帮助员工提高业绩的5大方法

（1）增强员工的自信。有些员工在工作时经常抱有消极心态，既对自己没有信心，也对产品没有信心，畏难情绪十分严重。在这种情况下，他们怎么能做好工作、提高业绩呢？

管理者要尽力增强员工的信心，改变他们对工作的观念和心态。管理者可以多和员工交流，了解他们的想法，在交流的过程中，多跟他们说一些业绩突出的员工的案例，消除他们的畏难情绪，增强他们的信心。

（2）提高自身管理能力。"一头狮子带领的团队要优于一只绵羊带领的团队。"管理者的管理能力必须达到一定水平，才可以培养出有能力的员工。如果管理者的业绩非常差，又怎么能要求员工有突出的业绩呢？

（3）调整团队氛围和员工的心态。一般情况下，月初时，员工的压力较大。如果员工的心态调整不好，就会对目标的完成造成影响。如果员工在月初的业绩比较差，管理者不能太过苛责他们，而是要以鼓励为主。如果条件允许，管理者可以提高完成目标的奖励。

（4）调整团队中的人员分配。在新的一个月开始的时候，管理者应该根据上个月的目标完成情况，调整团队中的人员分配。有些员工不适合现在的工作，管理者就要调整他的岗位，从而使团队达成更高的目标。

（5）为员工提供更多的学习机会。员工和团队的成长，都离不开坚持不懈的学习。管理者可以在每个月的第一天抽出一个小时左右的时间，对所有的员工进行培训，让他们总结工作经验，学习最新的工作方法和技巧，为这个月工作的顺利开展奠定良好的基础。俗话说，"活到老，学到老"，即便是那些经验丰富的老员工，也应该积极参加培训，不断学习。

2.月中检

很多管理者认为，只要工作成果优秀，工作过程并不重要。还有一部分管理者认为，自己没有充足的时间与精力，去跟踪员工工作的全过程，只关注员工的工作结果即可。这些想法都是错误的。员工工作结果不理想，症结一般出现在工作过程中。

如果员工素质参差不齐，要想让他们每个人都能够跟上团队的节奏，管理者就不能只追求结果,而应该在工作过程中,不定期检查员工的工作,加强对员工的监督,以保证团队的整体工作进度。

做好月中的工作,最重要的就是要检验员工的工作质量,督促后进者。月中意味着一个月已经过半,在这个时间点,管理者需要对员工的目标完成情况进行考察,以了解他们是否完成了50%的月目标,能否在月末的时候顺利完成总目标。

在这个过程中,管理者会发现有些员工的业绩非常差,按照目前的进度一定完不成目标。但是无论他们上半个月的业绩有多差,管理者也不能改变已经确定的工作目标,而应采取一些措施来督促后进员工。

针对后进员工,管理者需要判断其工作方向、工作方法、工作技巧等是否正确。当这些方面出现问题时,管理者要及时纠正,督促员工改进。若以上方面都没有问题,管理者就需要考察员工是否存在工作懈怠的问题。对于这一类员工,管理者需要根据具体情况对其进行适当的惩罚。

3.月末冲

月末是完成目标过程中一个非常重要的阶段,员工在月末往往会努力冲刺,以完成工作目标。然而,也有一些员工由于距离既定的工作目标相差甚远而产生消极情绪,丧失工作动力。

在这种情况下,管理者需要多激励员工,帮助他们摆脱不良情绪。管理者可以从以下两个方面着手。

(1)提高员工的士气。摆脱消极情绪最好的办法就是提高士气。能力再强的团队,如果士气低迷,工作结果也会不理想。因此,管理者应在月末努力提高员工的士气，给他们加油鼓劲。例如，业绩达标后给予免费旅游、现金奖励等。员工受到实物奖励的刺激，会变得更有动力，从而进一步提高工作积极性和工作产出。

（2）多夸奖、多表扬员工。所有人都喜欢被夸奖、被表扬，并且会尽力避免受到批评。因此，如果想让员工在月末冲刺，努力达成目标，管理者就要多夸奖、多表扬他们。

管理者可以对员工说："前半个月，大家的工作都做得非常不错，表现也非常棒。现在已经是月末了，希望大家继续保持，我相信大家一定可以顺利完成目标。"听到这种话后，员工会觉得自己是被信任的，工作动力就会更足。

统筹资金管理，保证收支平衡

资金是团队工作能够正常推进、业务能够正常运转的重要保障。同时，工作的本质，是获取一定的利益。因此，统筹资金管理，保证收支平衡，对于团队来说有着十分重要的意义。

8.2.1 完善资产全生命周期管理

资产既包括资金等流动资产，又包括设备等固定资产以及人力资源等无形资产。资产全生命周期管理，是从长远利益出发，全面、系统地对资产进行规划与设计、控制与调度。为了实现对团队资产的统筹管理与规划，管理者需要在团队内部不断完善资产全生命周期管理。

通过资产全生命周期管理，管理者能够对团队工作中的每个环节的资金收入与支出情况进行精细化的动态管理，清晰掌握每个业务环节的运行状况，全面提升管理能力。

完善资产全生命周期管理，管理者可以从以下几个方面入手，如图8-3所示。

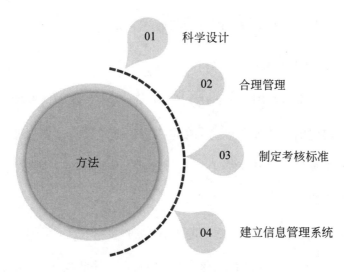

图8-3 完善资产全生命周期管理的方法

1. 科学设计

管理者需要根据团队的实际情况，统筹管理资产全生命周期的各个阶段，科学设计资产全生命周期管理的各个环节，使管理系统能够在业务运转过程中起到积极作用，并提高整个团队的效能。

2.合理管理

在进行资产全生命周期管理时，管理者需要把管理系统中的工作要求转化成科学的要素参数，并针对这些要素参数制定标准，运用标准来监督管理系统，进行实时优化，保证资产全生命周期管理有序进行。

3.制定考核标准

团队进行各种经营活动的最终目的，都是实现资产价值最大化。资产全生命周期管理的考核标准，也要依照这一最终目的来制定，以确保管理系统能够优化团队内部资金的合理配置，使资金高效流转，带来更多收益，避免出现资金流转不畅、大量资金闲置等问题。

4.建立信息管理系统

在进行资产全生命周期管理的过程中，团队需要建立自身独有的信息管理系统，以实现信息的纵向贯通和横向集成。通过建立信息管理系统，管理者能够实时把握团队内部的资金变动与流向，能够实现对团队资金的实时、信息化统筹管理。

资产全生命周期管理，本质上是使团队资产能够在生命周期内发挥最大经济价值和使用价值，是团队管理者统筹资金管理、保证收支平衡的有效手段。

8.2.2　合理编制资金预算

资金预算反映了团队在未来一定期间的现金收支、经营成果和财务状况的预算情况。通常情况下，编制团队资金预算需要全员参与，并且需要进行分类编制。编制资金预算的流程如图8-4所示。

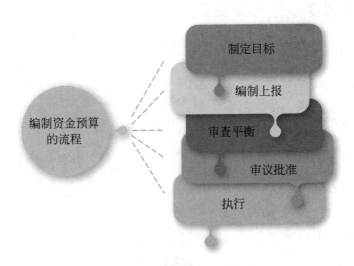

图8-4 编制资金预算的流程

1.制定目标

根据团队的发展情况,以及团队的发展战略,管理者需要对预算期间的经济状况进行初步预测,并制定资金预算的目标,包括销售目标、成本费用目标、利润目标、现金流量目标等。此外,管理者还需要确定编制资金预算的相关制度,并将其传达给各个部门以及各个成员。

2.编制上报

各部门根据团队下达的整体资金预算目标和相关制度,结合实际情况及要求,制定部门的资金预算方案,并在规定时间内上报。

3.审查平衡

财务部门对各部门上报的资金预算方案进行审查、汇总,对发现的问题提出调整建议,并反馈给各部门进行修正。

4.审议批准

财务负责人正式编制团队的资金预算草案,提交给团队管理者审批。

5.执行

团队管理者需要根据最终确定的资金预算方案,进行相应的指标分解,并下达给各部门执行。执行过程中,管理者还需要对方案不断优化,使其更符合团队的发展状况。

8.3 妥善应对突发事件,解决突发风险

随着社会的进步和科技的发展,项目的复杂程度逐渐增加,项目的安全和长期发展也会受到突发事件的威胁。任何项目都存在风险,有的风险是已知的,可以提前防范,而有的风险是突发的,让人防不胜防,很容易阻碍项目正常运转,甚至可能导致项目失败。

8.3.1 快速给出解决方案,避免危机扩大

当项目中已经出现了某些风险或风险无法规避时,管理者该如何应对?通过采取适当的手段,管理者能够有效地将项目风险降到最低,如图8-5所示。

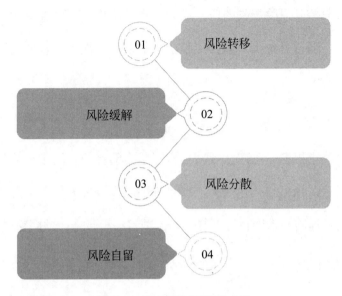

图8-5 降低项目风险的方法

1.风险转移

当风险无法规避时,管理者可以采用有偿的方式将部分风险损失转移。风险转移的方式包括交易转移、合同转移和保险转移。例如,工程项目的有些风险难以控制,管理者可以通过和专业的分包企业合作,实现自身风险的转移。

2.风险缓解

风险缓解是将风险出现的概率和后果降低到可以接受的程度,具体包括以下两个方面。

(1)采取各种防御措施,降低风险发生的可能性。例如,项目进度受天气的影响较为明显,管理者可以提前了解一定周期内的天气预报,做好准备,降低恶劣天气对工期的影响。

（2）采取控制风险损失的应急措施。当风险损失不可避免时，管理者需要迅速处理，采取各种措施限制风险扩散的范围，减缓风险扩散的速度，防止其进一步蔓延。

3.风险分散

增加风险承担者，可以达到减轻风险压力的目的。例如，某项目经理接手了一个项目，该项目体量较大，项目管理工作也较为复杂。为了将项目做好，降低项目风险，该项目经理与另一位项目经理合作，共同完成该项目。

4.风险自留

风险难以完全避免，在很多时候，它是必然发生的。因此，对于某些风险，管理者必须承担其带来的后果。自担风险是风险自留的重要表现，是指风险带来的损失由项目主体承担，将损失摊入项目成本中。自担风险要求管理者必须考虑到自身的财务承受能力，具有一定的财力。

8.3.2 调整项目计划，弥补延误的进度

发生了无法预知的风险后，项目进度就会延误，管理者需要根据实际情况调整项目计划。要应对突发风险，就必须有计划外的资源，即计划之外的时间和资金。在工期以外预留的时间内，管理者可以使用项目预算以外预留的费用，做好突发风险善后处理工作。虽然"亡羊"在先，但能迅速"补牢"也可以让偏离正轨的项目得到修正，这无疑是一种提高项目生存概率的有效手段。

管理者应提前给项目留出"绿色通道"，以防风险对项目计划和进度造

成严重影响。项目要想发展得更好，就离不开科学的流程和制度。但是，当有突发风险时，如果依然按部就班地执行流程，从时效性上而言，不利于高效应对风险。因此，管理者应该提前规划好项目的应急预案，以便在风险发生时以最直接、最稳妥的方式获得应对风险所需要的所有支持。

制定项目应急预案及措施需要注意以下几点。

（1）根据不同的项目类型制定相应的应急预案，确保项目可以安全进行。

（2）制定应急处置措施，根据预案明确相关责任人，保证处置机制有效。

（3）制定应急预警措施，及时发现问题，及时预警，预防突发事件发生。

（4）定期进行应急预案演练，检测预案的有效性，确保在紧急情况下预案能够有效实施。

有时应急预案也无法规避风险带来的负面影响，因此管理者需要通过调整项目计划来确保项目顺利进行。调整项目计划后，管理者就要通过补充资源来缩短工期，追赶延误的进度。赶工期需要投入的资源会增加整个项目的成本，管理者可以通过牺牲这部分成本，使关键路径上的资源投入增加，用资源和成本去换时间。管理者还可以把不受影响的非关键路径上的资源转移给关键路径，以缩短项目周期。

8.3.3 妥善与各方沟通，获得支持与理解

为了应对突发事件，管理者需要通过提前沟通，了解相关人员对风险的

容忍程度。例如，客户能接受的工期延误时间为多久？允许的预算超支额度为多少？在产品需要实现的功能中，哪些功能是相对次要的？提前了解相关人员的意见，在出现突发风险时，管理者就能做到心中有数，从容应对。

如果是自然灾害或其他不可预测的灾难导致风险发生，管理者首先要表示己方正在组织力量控制事态发展，并针对目前情况给出比较清晰的解释分析，以及恢复工作的措施。在风险发生时，管理者还需要与员工沟通，安抚员工情绪，保证相关工作有序开展。

对于任何突发事件，管理者都可以参考以下步骤与各方及时沟通，做出回应，如图8-6所示。

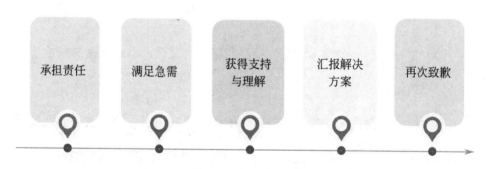

图8-6　突发事件沟通与回应的参考步骤

第一步：承担责任。管理者应开门见山，主动承担责任，并向各方致歉。

第二步：满足急需。管理者应致力于解决目前各方面临的最紧急和最重要的问题。

第三步：获得支持与理解。管理者应真诚地表示己方正处于危急关头，希望能获得各方的支持与理解。

第四步：汇报解决方案。管理者应阐明为了尽快解决问题正在做的努力。

第五步：再次致歉。在最后，管理者应再次向受到影响的各方致歉，并对各方给予的理解表示感谢。

如果把项目所处的环境比作波涛汹涌的大海，那么项目就如同海上的航船。除了经验丰富的船长和水手、明确的航线、准确的天气预报外，航船本身也要足够坚固。这样的航船才能乘风破浪，顺利到达成功的彼岸。

第 9 章
学会授权：高效激发全员潜能

管理者不可能事事亲力亲为，且管理者的价值应当更多地体现在对团队发展的整体规划与对员工的指导上。因此，管理者必须学会授权，适当地将权力下放给员工。这不仅能够减轻管理者的工作压力，使整个团队实现良性运转，还能够使普通员工的工作能力得到锻炼，使他们在职场中充分实现自我价值。

分级授权：必须授权 vs 应该授权 vs 可以授权

在授权之前，管理者需要将准备授权的工作分类，对于不同类型的工作，进行不同程度的授权。

9.1.1 必须授权：简单且重复的工作

必须授权的工作主要指简单、重复、风险低的工作。即使这些工作不能保质保量地按时完成，对整个团队的影响也不大，而且其中重复性的日常工作比较多，如会议记录、简历筛选等。

针对这类工作，管理者亲自负责可能并不会比一线员工做得好，甚至可能因为不了解实际情况而耽误工作进度，使原本能轻易解决的工作变得特别复杂。

下面通过一个具体案例，讲述管理者没有将必须授权的工作授权给一线员工而引发的不良后果。

第9章　学会授权：高效激发全员潜能

王总到生产车间视察工作，以了解产品生产中存在什么问题。到了现场，王总发现生产车间里面摆放了很多产品，但是员工没有在工作。通过询问员工，王总才了解到是因为缺少减速机、螺栓以及一种油漆。减速机厂家已经发货了，第二天就能到。而缺少的螺栓的规格库房没有，只有另一种比较长的。

王总对车间主任说："螺栓裁短了不就行了吗？为什么要停工？"

车间主任说："王总，不行的，用不同型号的螺栓得有手续，需要技术员批准。"

王总对技术员说："你下个手续，把螺栓裁短。"

技术员有些犹豫，不想承担责任。王总有些生气，但技术员属于工艺部，不在他的管辖范围内，技术员的领导也不在，想协调，还得再打电话。

最后王总只得感叹一句："你们同在一个车间，裁螺栓还得等手续。"

随后王总又到采购部询问油漆的购买情况，得知采购部按正规渠道买的油漆还没到，但因生产急需，采购部就到市场上买了几桶，但是没有合格证，不能用于生产。而库房只剩一桶油漆，不确定在库房存放了多久。

王总说："涂涂表面就可以了，这批产品只是用于试验，不面市，先生产出来看看设计方案行不行。"

车间主任反驳道："不行，王总。质检过不去。"

王总无奈又跟质检科长协调，科长说："油漆没有合格证不能用。"

王总耐着性子想要说服质检科长，科长反复都是一句话"没证不行"。王总生气了，冲车间主任喊了一句："没证，照样能干。"

车间主任看着王总走远了，委屈地嘟囔了一句："生产规定都是你定的，我说了又不算。"

上述案例中，车间停产的原因是王总没有把必须授权的工作授权给车间主任，导致车间主任想裁短螺栓还要向上报批。生产工作属于生产车间的日常工作，但作为生产车间管理者的车间主任却没有决策日常事务的权力，甚至不能决定样品用什么油漆。

在这样的管理模式下，看似管理者能知晓企业运转的方方面面的情况，实际上，所有的责任都需要管理者一人承担。管理者需要事无巨细地盯着每一项工作，甚至是一颗螺栓、一桶油漆的调换。这非常不利于提升生产效率，而且容易造成体制僵化，使员工内部形成逃避责任的氛围。

对于那些必须授权的工作以及员工分内的工作，管理者必须给员工决策的权力，让员工能在合理范围内发挥主观能动性，承担工作责任，提高工作效率。

9.1.2　应该授权：例行性日常工作

通常情况下，员工通过了实习期，具备独立工作的能力后，就应该获得一些授权。

例如，某公司新招了一位部门主管，制订部门计划及目标的工作在他刚来时由总经理负责，但半年以后，这项工作还由总经理负责。这种情况就不正常。新员工进入公司几个月后，对工作已经有所了解，且具备独立完成工作的能力，这时领导就应该授予他职责范围内的权力。有的管理者常抱怨员工工作完成得不好，管理者应该反思一下，是员工没能力，还是自己从来没让员工得到锻炼，凡事都是自己"拍板"。

应该授权的工作指的是风险不大或风险可控的工作。这些工作对于员工来说有挑战性，可以让他们得到应有的锻炼，如召开项目会议、招聘新员工等。

对于企业来说，这些工作完不成会造成一定损失，但损失不会很大。员工在完成工作的过程中也会和管理者沟通，如果出现问题，就能及时纠正。这些工作的风险并不大，管理者可以用这些工作锻炼员工的能力，让员工学会为他们的工作承担风险。

小周在一家公司负责文案撰写工作。某天，公司要组织一场大型活动。由于小周思维敏捷，工作细心，因此管理者便安排她负责会务，并承诺她一切相关资源都可以任她调配，有不懂的地方可以随时询问自己。

小周因为之前没有组织活动的经验，刚开始有些担心完不成工作，但管理者的承诺给了她极大的信心，她决定挑战一下自己。于是，小周开始不辞辛苦地找会场、调配人员、布置场地。虽然其间遇到了诸多不顺，但管理者给予了小周极大的支持和鼓励。最终，小周出色地完成了会务工作，公司的活动也获得了圆满成功。

案例中的会务工作就是一项应该授权的工作，虽然把它交给小周可能存在一定风险，但管理者给予了其充分支持和协助，把这种风险降低到可控范围内。最后结果也证明，管理者的选择没有错，小周出色地完成了任务，能力和自信得到提升。

9.1.3　可以授权：有一定挑战性的工作

有一类工作，领导可以做，员工也可以做，那就是可以授权的工作。管理者把这些工作授权给员工，主要是为了培养员工的能力，以防自己忙于其他事务时，团队工作停摆。可以授权的工作需要符合3个特征：一是问题需要多方协调；二是处理不好肯定有麻烦；三是可以极大地激发员工的积极性。

但是管理者也要注意，那些显示身份的工作，如参加董事长组织的战略规划说明会等，就不能让员工代劳。

张经理深谙工作需要授权的道理，可他最近发现他给了员工足够的权限，员工却丝毫提不起干劲来。原来张经理每次给员工安排工作时总是说："这项工作就交给你了，现在都由你做主，不必跟我请示，只要在月底告诉我结果就行。"除此之外，他还经常让员工代替他去总部开会，代替他和客户交涉。而他自己却从来不过问这些工作的进展，只在月底问一下结果，如果工作完成得不好，他还经常不分青红皂白地批评员工。

张经理的员工都被他的这种管理方式折磨得苦不堪言，觉得这个部门有没有张经理其实都无所谓，毕竟他连自己必须负责的工作都不做。那些被授权的员工也很苦恼，他们觉得张经理把工作交给他们，自己当起了甩手掌柜，这让他们感觉不被重视，甚至觉得这项工作根本不重要。

案例中的张经理犯的是授权过度的错误。如果管理者没有把可以授权的工作做好区分，而是仅把工作交给员工负责，就可能出现授权过度的问题。而且张经理授权的方式也比较草率，既没有向员工说明工作的重要性，也没有明确工作的要求和规范，导致员工有没有受到重视的感觉，因此员工才消极怠工。

高明的管理者会下放一定权力给员工，也会让他们感觉到被重视，让他们认为只有自己才可以承担如此重要的工作。他们还会检查、督促员工的工作，但又不会让员工感到有责无权，而是获得有管理者在背后支持的安心感。

授权后,不要过度干涉员工

正所谓,"用人不疑,疑人不用"。授权后,管理者应对员工及其工作能力表现出充分的信任,这样员工才能充满信心地投入工作中,最大限度地发挥出自身的潜能。反之,若授权后管理者仍然对员工的所作所为处处干涉,那么不仅没有起到授权的作用,还容易使员工对管理者以及团队心生不满。

9.2.1 "因材施教":将员工实力作为授权依据

在教育行业,有一个理念叫作"因材施教",而在职场中,这一理念也同样适用。例如,在给员工授权之前,管理者要先和被授权者充分沟通,明确被授权者的才能大小、知识水平以及工作意愿,切不可将自己的主观臆断作为授权依据。

主持人小杨接受投资人的授权,成为某文化公司的CEO,负责全权处理公司的大小事宜。5年后,他辞去了该公司CEO的职务,选择继续从事他喜欢且擅长的主持事业。

后来,当他接受记者采访被问到做这个决定是否后悔时,他说:"虽然做出这个决定愧对投资项目的人,但我并不后悔。自从开始经商,我的压力从未断过,而且因为我的理想主义,从商这条道路对我来说注定是荆棘丛生的。它让我感到了挫败,完全没有让我体会到做主持人时的成就感。我觉得我的激情在文化产业而不是商业。"

这个案例给所有的管理者一个警示：在授权前一定要与员工充分沟通，了解他的能力是否适合承担相应工作。案例中的小杨当主持人时非常优秀，但让他管理一家文化公司，他却无法成为一名出色的CEO，不仅没有商业意识，还因为自己的理想主义无法做出对公司有利的决策。员工能够出色地完成某项工作，不代表他能出色地完成其他工作。

因此，在授权之前，管理者要和员工沟通，说明工作内容，了解员工的能力，确定他是否有足够的能力和意愿完成工作并承担工作责任。

1.了解员工能力

一个人学习能力很强，不代表他工作能力也很强。在授权之前，管理者要对员工的教育背景、兴趣特长、性格特点等进行考察，以了解他的相关储备是否与工作需要的能力相匹配。

2.介绍工作内容

管理者要仔细向员工说明工作内容，包括需要的资源以及工作的进展。这可以让员工初步了解工作，并在心中初步评估自己能否胜任工作。

3.介绍工作目标和要求

管理者需要向员工明确工作的具体目标和要求。这相当于为员工明确了责任，有助于员工理解工作的重要程度并提前做好承担责任的准备。

4.了解被授权者的意愿与动力

如果被授权者表示出犹豫或拒绝的态度，管理者需要增强他承担工作的意愿，如告诉他为什么选他，他的什么能力与工作匹配，他能通过这个工作获得哪些成长等。如果没有强制要求，大多数员工都不想主动承担责任。因此，管理者就要"推"他们一把，提升他们的意愿。一些员工比较内向，缺乏自信，管理者可以鼓励他们，增强他们的自信。

5.了解被授权者对工作的初步设想

沟通的最后一步是了解被授权者对工作有哪些想法和见解，以及需要的支持。这能引导被授权者制订初步工作计划，为后续的工作明确方向。

9.2.2 授权与授责同时进行

管理者除了要给员工授权，还要给员工授责，即向员工明确其需要承担的责任。员工接受了权力，意味着也接受了责任。如果员工的工作没有做好，就需要承担相应的责任。这样可以防止员工滥用职权，增强他们的责任感，让他们更加用心地对待工作。

那么管理者如何给员工授权呢？有些管理者觉得先简单和员工说一下工作内容，然后员工需要什么权限再和自己沟通即可，这其实是一种低效的解决办法。"需要"这个范围太宽泛了，如果不提前规划，员工在实际工作过程中还是要事事请示，必然提高沟通的时间成本。

以一家餐饮公司为例，下面介绍管理者在为餐厅经理授权时，如何明确权限底线、找出弹性权限与补充权限，实现权责对等。

1.找出履职的权限底线

这个底线是指员工负责某项工作必须有的权限，如果这些权限缺失，员工就无法正常工作。权限底线具体可以按人、财、物、事4个维度划分。例如，人事权限可分为任免权、考核权等，财务权限可分为折扣权、费用报销权等。

2.找出有助于履职的弹性权限

弹性权限可以帮助员工更好地履行自己的职责，管理者可以从员工的过往任职经历中提炼。例如，员工在之前的工作中特别擅长策划活动，管理者就可以在财务权限中增加可以自行策划实施团购或促销活动的权限。

3.找出有助于经营目标达成的补充权限

补充权限是对弹性权限的补充。管理者可以基于经营目标倒推有助于目标达成的权限。这部分权限的界定，管理者需要与员工深入沟通，明确权限涉及的事项与范围。所谓权大责大，管理者要把握好放权的度，避免员工因贪图权力而夸大其词，最后却没有实现目标。

管理者需要知道，自己不可能为员工的工作完整地授权，总会有权限无法覆盖的内容。对此，管理者可以为员工保留一些机动性，不要把权力限制得太死板，让员工有权自行决定一些意料之外的影响较小的事情。

9.2.3 给下属多一点信任，不要过度插手

著名经济学家D.拜伦提出了拜伦法则，指的是给他人授权后就完全忘掉这件事，绝不干涉。这种给予员工极大信任的授权原则能极大降低沟通成本，提升管理效率，提高员工士气。

有些管理者在授权给员工后，总担心员工出差错，时不时地干预员工的工作，最后反而导致工作效果不理想。管理者的主要工作并不是亲力亲为地

执行具体事务，而是促使员工发挥出他的最大潜力。因此，管理者应在向员工授权后，相信自己的判断，并相信员工有能力把事情做好。管理者不可能面面俱到，经常干预反而会让员工不敢放开手脚去干。

对人才想用又不敢重用，想授权又不敢信任，是一些管理者常犯的错误，再优秀的人才在这样的管理者手下也难成大事。面对日益激烈的市场竞争，管理者要想扩大公司规模，获取更多效益，就一定要学会有效授权，最大限度地激发员工的潜能，给员工留出足够他施展才能的空间。权力适当下移，还能将权力重心转移到基层，从而激发员工的工作热情。

有这样一个故事，旅店大王唐纳德·希尔顿因为父亲的不信任而处处受限。在希尔顿21岁那年，父亲把旅店经理的职位交给了他，同时给了他部分股权。然而，在担任旅店经理的时间里，父亲经常干预他的工作，他绞尽脑汁想出来的酒店管理改良方案被古板的父亲一票否决。这让他非常恼火。

希尔顿的父亲想法很简单，他觉得儿子还太年轻，而且家族事业尚未稳固，如果放手让儿子去做，公司可能承受不起儿子失误而带来的巨大损失。但他的父亲并没有意识到，他的这种不信任让希尔顿觉得自己一无是处，开始怀疑自己的工作能力。

授权以后不去干涉，是管理者自信的表现，表明管理者对自己的决策有着充分的信心。而且员工也能从管理者的态度中感觉到被重视、被信任，从而产生责任心和参与感。他们会觉得：我不能辜负领导的信任，一定要证明自己的能力。这样，员工才会主动发挥所长，为团队贡献自己的力量，团队业绩自然能蒸蒸日上。

甩手掌柜虽然轻松，但风险高

在授权后，管理者既不能过度干涉员工的工作，也不能成为一个甩手掌柜。部分管理者认为，将权力分摊出去，自己就能够轻松地坐享其成。实际上，这是错误的想法。若对团队发展过程中的各项事务不闻不问，那么管理者很可能会丧失领导地位，甚至有可能出现权力被架空的局面。

9.3.1 高段位领导可以做到授中有控

《韩非子·扬权》中说道："有道之君，不贵其臣；贵之富之，彼将代之。"意思是：懂得管理之道的君主，会给臣子一定的权力，但不会让臣子过于显贵；如果臣子过于显贵，一定会开始设想将君主取而代之。同理，在现代职场中，管理者授权给员工，是为了最大限度地提升工作效率。但是，授权不是弃权，管理者不能当甩手掌柜，听之任之，授权超出合理范围，势必反噬管理者。

春秋时期鲁国的阳虎非常有才华，是一个能臣。但他在鲁国做官期间，用权力谋取私利，聚敛了无数财富，后来因人举报，被驱逐出鲁国。之后他又来到齐国，帮齐王训练军队，取得了不错的效果。但是不久之后，他玩忽职守，又逃出了齐国。随后，阳虎来到了赵国，赵王让他辅佐自己处理朝政。

赵王的亲信问赵王："阳虎名声不好，而且自私重利，为什么还给他这

第9章　学会授权：高效激发全员潜能

么大权力呢？"

赵王说："阳虎可能会徇私，但我会监督他不给他机会。即使他有徇私的想法，也不会如愿。"

赵王如他所说的那样监督阳虎，让阳虎发挥了自己的才能，帮助赵国推行了一系列改革措施，使赵国由弱变强，在各诸侯国中拥有了一席之地。

授权不是简单地授予员工权力，而是要授中有控，把重要的主导权留在自己手中。古代君主管理臣子是这样，现代管理者管理员工也是这样。

沃尔玛公司创始人沃尔顿在创业初期十分辛苦，公司的大部分工作都需要他亲力亲为。随着公司的壮大，他渐渐开始力不从心，意识到自己不可能参与公司的一切工作，必须给员工授权，让他们从执行者转变为管理者。

于是，在第二家沃尔玛店开业时，沃尔顿将自己的权力分给了一些优秀的管理人员。随着公司的发展，他又将更多的工作交给了员工，而且允许员工自由行动、自主决策，例如，根据销售情况订购商品和决定促销策略。

在授权时，沃尔顿一直注意维护员工自主权与自身控制权之间的平衡。一方面，他制定了许多规定让各分店的员工遵守，要求公司的每一位职员都要牢记并严格遵守员工手册；另一方面，他给了每家分店的负责人足够的自主权，让他们可以自行决定商品订购、促销计划，以在市场变化的第一时间对销售方案做出调整。

这些举措让沃尔玛公司获得了很大的发展，公司详细且明确的规定成为牵制各分店的一根绳子，各分店无法牟取私利。同时，各分店又有足够的机动性，可以随时调整销售方案，不用向上级请示，极大地提升了工作效率。

那么管理者如何做到授中有控呢？

1. 先员工想到问题的可能性

管理者必须在交代工作时就想到可能出现的问题,然后根据这些问题决定授权的程度并规定相应的职责和利益。这能够在事前向员工明确工作的利害关系,即让员工知道有规定,不敢牟取私利。

2. 权力不能交错,不能闲置

授权是为了让员工成为管理者手的延伸、脚的延伸、眼的延伸和耳的延伸,但如果管理者给了两名员工同样的权力,不仅不能让自己的手、脚、眼、耳延伸,反而会让员工发生冲突。两名员工都想要功劳,不想负责任,会造成推诿塞责,工作无人负责。另外,权力必须有归属,不能闲置,否则就失去了作用。

3. 建立畅通无阻的信息传递渠道

管理者要及时了解员工的工作进展,要求其定期汇报,并对其进行必要的引导和核查,保证工作方向不偏离正轨。

4. 保留对员工工作的直接协调权

管理者应保留对员工工作的直接协调权,当员工工作中出现无法解决的问题时,管理者可以及时出手,力挽狂澜,避免出现更大的危机。

只有授中有控、控中有授,及时引导、检查,才能让授权在激发员工工作活力的同时,保留管理者的主导权,让工作风险始终控制在合理范围内。

9.3.2 授权配套措施:足够的控制力

对于管理者来说,授权只是简单的一步,授权后还要进行过程控制。就像放风筝，风筝飞上天之后，人还需要适时拉一下线，控制风筝飞的高度及方向。如果一味地放线，风筝可能飞不起来，或者飞上天脱离人的控制。

要想收放自如，管理者必须在下放权力时有足够的控制力，以确保最终结果不会偏离预期。

某公司的老板张总因为欣赏海归硕士小李的才华，想尽办法把他招进了公司，并任命他为执行总裁。张总几乎把公司所有的决策权都交给了小李，自己则退居幕后。

可这样的授权并没有让公司更上一层楼。小李上任后，改变了公司原本的管理模式，采用高度集权的管理模式，他不允许员工发表意见，独断专行，甚至还做了许多错误的决策，导致公司蒙受了巨大的损失，公司上下议论纷纷，人心浮动。后来，张总无奈，不得不辞退了小李，自己重新上任，整顿公司。

在这个故事中，张总的授权就没有进行过程控制，他授权后不闻不问，导致公司走上了下坡路。倘若他能对小李的权力做出限制，并对小李的决策进行引导和纠正，就不会出现后来的局面。

那么，管理者要如何做好过程控制呢？常见的方法有两种。

1. 根据工作目标和绩效标准进行过程控制

如果管理者授权的工作比较复杂，时间跨度比较大，管理者就可以分若干阶段来考察工作目标完成情况，并综合考量工作难度、员工能力以及工作完成时间。对此，管理者可以在授权前与被授权者单独沟通，这样做有两个优势。

（1）了解被授权者对工作的理解、承担责任的态度和初步的工作思路，以便提前做好准备，发现问题及时引导。

（2）为被授权者提供一个表态的机会，促使其提高认识、厘清思路并做出承诺，这对被授权者也是一种巨大的激励。

2.要求员工及时反馈

不管授权什么工作，管理者都要求员工定期向自己反馈工作情况，说明工作中的重大事项，以保证工作沿着预定的方向前进。

对此，管理者不妨列出一个授权后的等待清单。等待清单中的事情，虽然是授权给员工的、不需要自己亲力亲为的工作，但管理者要在截止日期前在合适的时间点进行跟进，随时关注进度。在这个过程中，如果被授权者需要帮助，管理者要及时给予其支持。

授权虽然责任到人，但员工不能蛮干。管理者应该营造积极沟通的团队氛围，协助员工处理工作过程中出现的问题，帮助其找出错误原因，促使其高质量完成工作。

9.3.3 对于屡次犯错的员工，绝不纵容

给员工授权后，管理者要多鼓励、夸奖员工。如果员工没能完成工作或工作出现问题，管理者不能直接指责，而要对其进行指导。但如果管理者多次指导都无效或员工始终我行我素，管理者就不能再纵容员工，必须对其进行惩罚。

惩罚的程度也大有学问。如果惩罚过轻，很可能起不到警示的作用，还会使员工产生抱怨情绪；如果惩罚过重，员工可能难以承受，甚至选择辞职

离开公司。因此，管理者惩罚员工一定要把握合适的度，使惩罚也能对员工起到激励作用。惩罚员工的方法有两种。

1.主动承担责任

员工犯错，管理者也有责任。管理者可以先主动承担自己的责任，这样既能显示出自己作为领导的责任感和担当，还能引导员工认识到自己的错误，从而毫无怨言地改正错误。

2.必要时"杀一儆百"

"杀一儆百"即在众多犯错的员工中挑选一个典型，给予其严厉的处罚，以震慑其他员工不敢再犯同样的错误。对于"杀一儆百"这种方法，有些人持反对态度，认为对所谓的"一"很不公平，大家都犯了同样的错误，却只有一个人被严厉地处罚了。但在实际管理中，"杀一儆百"非常有效，员工只有看到规则被真正地遵守了，才会畏惧规则，把规则放在心上。但管理者使用这种方式需谨慎，以防团队氛围紧张。

那些工作玩忽职守、个人原因导致工作失误的员工，就可以被当作"杀一儆百"的对象。对其的惩罚一定要起到震慑其他员工的作用，让其他员工切实体会到失职的严重后果。

不懂授权的管理者，是不合格的；纵容员工犯错的管理者，是不负责任的。虽然管理者不必凡事亲力亲为，但授权不意味着放任不管，在鼓励员工的同时还要鞭策员工，这样员工才能有所成长。

第 10 章
员工激励：在激励中成就卓越团队

人才是影响企业竞争力的重要因素之一。企业之间的竞争，本质上是人才的竞争。企业面临的重要问题是如何构建人才竞争力、如何吸引并留住人才。激励机制是一种通过理性化的制度反映激励主客体之间相互作用的方式，在人力资源管理中起到重要作用。

设计激励方案的三大要点

有效的激励方案可以帮助企业吸引并留住高素质的员工，实施激励方案，可以提高员工工作时的积极性和幸福感，还可以激发员工的潜力，使员工的生产力和绩效得到提升，从而使企业的竞争力增强。同时，有效的激励方案还可以刺激员工不断提升自己的专业能力，学习更多技能，既促进了员工个人发展，也为企业创造了更大的价值。

10.1.1 双管齐下：物质激励 + 精神激励

物质激励是最常见、最为重要的一种激励方法，包括工资、基金、股权等多种形式。在现金与非现金激励的选择上，物质激励可以将一次性激励与多次激励、公开激励与不公开激励结合。

精神激励是一种在较高层次上提高员工积极性的激励方法，激励的深度大，维持的时间长。企业管理者应该善于使用精神激励让员工意识到工作的意义，激发他们对实现自我价值的渴望。精神激励的方法有很多，最为常见的有以下几种。

（1）目标激励。管理学家洛克认为，激励的主要源泉之一是指向目标的工作意向。企业的管理者应该制定一个具体的、难度适中的目标，诱发员工的动机和行为，并且能够使员工认同然后转化为自己的目标，以提高员工的积极性。当员工迫切地想要实现目标时，就会增加对企业发展的关注，从而产生责任感。

（2）荣誉激励。人们都希望能够得到社会或集体的尊重。对员工的精神激励，可以通过授予荣誉实现。企业可以每年评选出"优秀员工""优秀管理者"，以提高员工的工作积极性。

（3）工作激励。相关研究表明，工作中的3种心理状态，即对工作意义的体验、对结果责任感的体验、对实际结果的了解，决定了员工的积极性。因此，管理者可以设计一些富有挑战性的工作，让员工在工作的过程中不断超越自我。管理者还可以通过赋予员工使命感，让员工更加了解自己的工作成果，在工作中获得乐趣和动力。

（4）参与激励。现代企业的员工都希望自己能够参与企业管理，员工参与民主管理的程度越高，就越有利于调动其工作的积极性。通过参与企业管理，员工能够对企业产生归属感和认同感。因此，企业的管理者应该尽可能地使员工参与民主管理，让员工能够真正行使他们的管理权力，在工作中充分地发挥出自己的潜力。

作为两种不同的激励方法，物质激励和精神激励相辅相成、缺一不可。二者之间不存在孰轻孰重的争论，只有结合起来，才能发挥出最大的作用。

如果单纯以物质激励为主,刚开始的时候还会产生很大的影响力,在短期内提高了员工的积极性,但时间长了,员工就会认为这只是一种交易,激励的效果就会越来越小,难以形成稳定可持续的长效激励机制。

如果物质激励进行得过于频繁,也是不科学、不合理的。因为这样会形成一种恶性循环,造成物质浪费。这时就需要精神激励来弥补这些不足,让员工自发地产生工作动力,在工作中更加自觉、主动。

总之,只有将物质激励和精神激励结合使用,才能达到最佳激励效果,真正激发员工的活力。

10.1.2　即时激励与中长期激励相结合

即时激励就是企业对员工一段时间的工作或取得阶段性成果做出的回应。员工专注于本职工作并取得良好的成果时,就会希望马上得到回报。因此企业需要及时满足员工这种当下的利益需求,以现金、分红等方式对员工进行激励。

对于只关注眼前利益的员工来说,即时激励是有效的,但即时激励不足以吸引那些更关注长期价值的高级人才。因此,想要让激励机制发挥作用,管理者就必须将即时激励和中长期激励结合起来,充分发挥各自的优势,做到优势互补。

某科技企业自成立以来发展迅速,在管理和技术方面引进了大量的优秀人才,并且已经建立了一套关于工资、基金收入分配的体系。某个专门从事企业股权事务的外包机构对这家企业进行了前期调研,他们认为,为了能够更好地适应企业下一步的战略规划和发展，构建和巩固企业的核心团队，需要重新调整和确认企业的产权关系。

企业实施股权激励，不只是为了对现有财富进行重新分配，还为了让核心骨干成员可以共享企业未来的成长收益，使企业股权架构的包容性得到提升，让企业的核心团队凝聚在一起，以更好地发挥能力。

因此，该机构为这家企业设计了一个多层次的长期激励计划，以股份期权为主要的激励方式，授予对象多为高管或技术骨干。也就是说，企业允许激励对象在未来一段时间内，以预定的价格买入企业一定数量的股份。

这一方案将即时激励与中长期激励结合，完善了企业的股权激励体系，以股份期权激励的方式既实现了即时激励，又强化了员工对企业发展的期待。

只有将即时激励和中长期激励充分结合，才能发挥出更大的激励的作用。一个优秀的企业要做到在员工取得成绩时及时给予激励，同时要根据自身发展现状和目标制定中长期的激励机制。

10.1.3 注重激励方式，不要让激励成为负担

为了激励员工创造更高的业绩，企业会给员工涨薪或给予物质激励，导致激励成本增加。激励成本与企业的绩效捆绑在一起，是有弹性的。激励成本不合理，就会影响企业最终的利润。

一些企业管理者把员工工作积极性不高的原因归结为激励不够，认为只要增加了激励就能提高员工积极性，增加业绩。实际上，对企业的经营发展

起到重要作用的是少数的关键人才，如果这些人才流失或者工作效率低下，会给企业带来巨大的损失。如何激励这些关键人才是管理者需要重点考虑的问题。

企业制定激励机制，目的主要是吸引、留住那些高素质的员工。选对应该激励的人，只有对优秀的人才进行激励，企业才能"把钱花在刀刃上"，使企业内部的资源得到充分利用。

一些企业面临着激励方式单一的问题，企业可以将多种激励方式结合起来，提升激励效果。例如，在薪资总额既定的前提下，企业可以采用以下几种方式提升激励效果。

1. 活用精神激励

员工的工作效率既受到金钱等物质因素的影响，又受到环境、情绪等因素的影响。马斯洛需求层次理论表明，在满足了生存和安全需求之后，物质激励的作用就十分有限了。因此，想要提升激励的效果，管理者就应该结合使用物质激励与精神激励。

2. 增加非现金性薪酬支付

例如，在节假日举办联欢活动并邀请员工家属一同庆祝，利用公司现有的资源准备礼品，以增强员工的归属感，实现情感激励。情感激励是现代企业管理者需要高度重视的一种激励方法。

3. 注重激励的时效

很多企业只关注激励的标准，却忽视了激励的时效。对员工来说，在取得一定工作成果后及时获得激励，激励和工作成果之间的联系越直接、越密切，员工就更能感受到工作的快感，从而调动工作热情和积极性。因此，企业对员工的激励越及时，激励的效果就越明显。

企业的管理制度规范化是保障激励有效的重要条件之一。管理制度不规范，激励机制就失去了根基。例如，企业的人力资源管理制度不规范，薪酬起到的激励作用就很有限。

除此之外，企业必须将激励机制制度化、科学化、合理化和系统化，使其更加有效地运行。这样既可以提升激励效果，又可以减少激励成本。

设计激励方案的流程

为了能够有效地实施激励，保证激励效果，管理者必须提前制定激励方案。此外，管理者还要明确实施激励方案的周期、被激励的对象和激励方法，将激励方案实施流程落实到纸面上，确保后续的实施准确、有效。

10.2.1　明确实施激励方案的周期

激励方法不同，实施激励方案的周期也不同。常见的实施激励方案的周期有以下两种。

1. 规则的激励周期

规则的激励周期是指按照规定的时间定期对员工进行激励，包括延迟激励和即时激励。规则的激励周期可以提高员工的积极性，还可以追踪员工工作的全过程，及时发现问题，有助于促进各项工作有序开展。

（1）延迟激励。延迟激励是指在员工做出良好行为一段时间以后再给予其激励。由于这种激励是延迟的，因此员工可以在结果公布之前抓紧时间发挥自己的优势，争取排在激励名单的前列。延迟激励对于那些暂时落后的员工具有一定的鼓励作用，有利于充分激发员工的潜能，鼓励员工彼此竞争。

（2）即时激励。即时激励是指在员工工作取得成绩时实时给予其激励，有利于员工形成积极的动机和心理反应，可以充分调动员工的积极性。

2. 不规则员工激励周期

与规则激励相反，不规则激励是随机的，可以每隔10天或者半个月进行一次激励，也可以间隔几个月，在一个项目结束后根据具体情况对员工进行激励。不规则激励可以和即时激励结合，更有利于调动员工的积极性和责任感。

10.2.2 明确被激励人群：全体员工或团队核心员工

对全体员工进行激励可以增强团队的凝聚力，使每一名员工都能明确企业发展目标，产生团结一致、相互帮助的团队向心力。激励可以提高员工的工作积极性，从而达到提高整体工作效率的目的。

在一家企业中，核心员工具有创造核心价值的能力，对企业的发展具有关键性的作用。核心员工对企业做出的贡献和对企业的忠诚度在一定程度上决定了企业未来的发展状况。企业管理者应该正确认识到核心员工在企业中的重要地位，有效地管理并激励团队里的核心员工。

根据二八原则，一家企业80%以上的价值是由20%的员工创造的，这20%的员工就是企业的核心员工，如高层管理者、技术研发骨干等。核心员工通常掌握着企业发展所需的核心技术，或者熟悉企业的核心业务、负责企业的核心岗位，他们对企业的生产经营有一定的影响力或拥有决策权。

与普通员工相比，核心员工具有以下特征。

（1）高价值性以及优越感强。核心员工经过长期的实践和不断的学习，掌握了普通员工所不具备的独特能力，为企业带来巨大价值。因为具有这种独特的能力，所以核心员工比普通员工更希望受到重视和尊重，具有更强的优越感。

（2）难以被代替。核心员工掌握着核心技术或重要的资源，是难以被代替的人才资本。一旦他们的职位出现了空缺，将会给企业带来巨大的损失。

（3）具有较高的期望。核心员工对自己能为企业发展做出的贡献，以及这些贡献对企业的重要程度有着清楚的认知。因此，他们有着组织认可、自我实现等高层次的需求，期待能获得更高的回报。

（4）高度的流动性。一方面，核心员工因为具有高水平的专业技能或管理能力而成为企业争夺的对象；另一方面，如果核心员工认为自己目前就职的企业与自身发展目标不符，无法实现自己的职业规划，就有可能跳槽到其他企业。

核心员工流失会对企业的发展造成影响，具体表现在以下几个方面。

（1）核心员工掌握着企业的核心技术，一旦他们离职，就可能导致这些技术或者商业机密泄露。这势必影响企业内部的整体氛围，挫伤团队士气，给企业带来重大的损失。尤其是这些核心员工选择到竞争对手的企业就职或者自己另起炉灶，企业就会面临更为严峻的竞争压力。

（2）核心员工具备某种专业技能，企业很难在他们离职后立刻找到人来代替他们。这会导致关键岗位空缺，对企业的正常运转产生影响。如果核心员工集体跳槽，企业就会变成一个"空壳"，面临难以为继的风险。

（3）培养一名核心员工，企业需要花费较高的成本，如招聘、培训的费用。核心员工流失后，企业需要重新招聘和培训员工，需要付出更多的成本。而且新员工能否胜任工作，能否很快地融入企业都是无法确定的。

因此，管理者既要制定适用于全体员工的激励方案，又要格外重视对团队核心员工的激励，使企业上下所有员工团结一致，为企业创造更优的业绩。

10.2.3 明确激励方法：绩效激励或项目分红

绩效激励是指当个人或团队绩效的衡量指标出现变化时，员工的薪酬也会随之变化。绩效激励有助于促进企业管理规范化，激励员工进行自我调整，有利于提升员工的业绩，更好地实现企业目标。

选择和运用正确的激励方法对企业绩效管理的效果和目标的实现有着重要的影响。如何激励并留住人才是每一家企业都面临的问题。建立一套能够有效激励员工、树立企业形象、增强对人才的吸引力的绩效激励制度，企业才能够在人才竞争中取得优势，如图10-1所示。

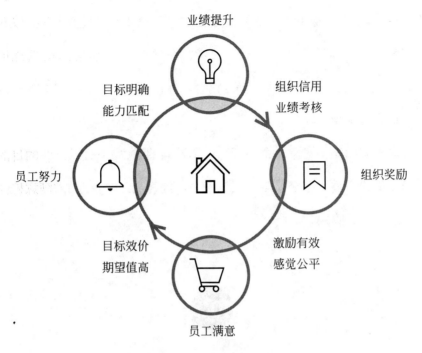

图 10-1　绩效激励概述

如何做好绩效激励？

首先，HR 和高层管理人员可以协商拟定激励方案初稿。初稿可以下发给员工，征求员工对绩效激励方案的意见，倾听员工的心声，这样后续方案的推行会更容易。

其次，要针对不同的部门、岗位设定不同的考核方式，要体现出考核的差异化和公平性。考核目标要客观、合理，过高的目标可能使员工丧失动力，过低的目标又会使员工缺乏斗志。

最后，除了要根据绩效考核的结果设定奖励外，还要考虑到员工的利益，例如，升职加薪比发放现金的方式更加有效。

项目分红是分红权激励的方式之一，是指在完成项目既定业绩目标的前提下，企业根据年度业绩水平从该项目的净利润中按一定比例抽取专项资金，参考个人的工作任务分配和绩效考核系数后，作为奖励分发给相关员工。分红激励的实施条件和限定范围都有严格的要求，主要针对的是项目的核心成员、技术骨干等。

针对不同的激励对象，企业可以选择不同的激励方法，最终的目的都是激发员工的积极性，挖掘员工的工作潜力，提高员工对企业的满意程度，为企业创造更高的收益。

目标激励提升团队势能

为了提升团队的效益，提高团队每一位成员的积极性，管理者可以采取多种不同的激励方法，通过树立榜样、进行多层级奖惩、提供额外福利等手段，使团队成员可以更好地凝聚在一起，为团队的目标共同努力。

10.3.1 榜样激励：唤醒团队积极性

在群体之中，每位成员都有学习性。企业可以将优秀的员工树立成榜样，让其他员工向他们学习。一个好的榜样能改善团队的整体工作风气。

企业可以定期选出榜样人物并召开榜样人物报告会，让榜样人物讲述自己的工作方法与技巧，提升整个团队的工作积极性和工作效率。一般来说，榜样人物具有区别于普通员工的特质。

公司的管理层也要以榜样人物为行为标杆。因为管理者的言行、工作态度等会对员工产生深刻的影响。一个本职工作都没有做好、德不配位的管理者想要对员工提出各种要求，结果可想而知，员工一定不会心服口服。

有这样一句名言：好榜样就像把许多人召集到教堂去的钟声一样。其实大多数员工都追求积极向上，如果有了榜样，员工会有更加明确的努力方向和想要实现的目标，会从榜样身上汲取力量，获得激励。

某知名护肤品直销公司总部的大厅里挂的不是公司的座右铭，也不是创始人画像，而是全国各地分公司优秀员工的照片。为了激励员工，公司会挑选出那些优秀的员工，使他们成为公司里的明星人物，成为其他员工学习的榜样。

在打造榜样方面，很多企业都花费了不少心血。一些企业会给予榜样各种特殊奖励，如轿车、豪华游等，使其"先进者"的形象更加突出。一些企业甚至在杂志上发表优秀员工的事迹，对其进行公开表扬，从而在其他员工心中树立起一个榜样形象。

美国著名心理学家赫伦认为，人都是有攀比心理的。在公司里，当一个员工看到另外一个和自己水平差不多的员工受到表彰，那么他就会以那个员工为榜样，努力工作。这正是优秀员工的榜样作用所在。

在任何公司中，优秀员工都是一笔巨大的财富。一方面，这些员工的工作能力比较强；另一方面，他们能够激励周围的员工，形成积极向上的工作氛围，促使其他员工更加自主、努力地工作。因此，优秀员工对于公司来说意义极大。

企业管理者要善于发现榜样，对优秀员工进行宣传，以提升其影响力。此外，企业管理者应正确对待榜样，给予其足够的重视，交给其重要的工作，使其持续发挥榜样作用。

针对不同类型和层次的员工，企业应为他们树立不同的榜样，使榜样对于员工来说是一个可达到的目标，推动员工不断进步。

需要注意的是，榜样不是一朝一夕就能成就的，而是在公司发展过程中不断积蓄力量。企业的优秀员工，是员工自身的优秀素质和企业提供的优秀环境共同缔造的结果。

10.3.2　对赌式激励：设置多层级的奖励与惩罚

在对赌式激励中，销售业绩是对赌的核心内容。销售团队的对赌，筹码十分多样化。除了金钱外，也可以选择其他内容，例如，行为上的惩罚、物质上的奖励等。

某高端服装品牌旗下的3家连锁店进行业绩PK，并且签订了对赌协议，奖励是团队旅游。在经过一年的努力后，A团队销售额最高，对赌成功，于是A团队获得了企业的分红奖金和团队旅游的机会。

B团队勉强完成了既定销售目标，也获得了相应的分红奖励，但由于没有获得第一名，因此与团队旅游这个奖励失之交臂。而C团队整体水平较低，没有完成销售目标，不但没有获得团队旅游的机会，也没有获得分红奖励。除此之外，根据对赌协议，C团队的一部分年终奖与业绩奖金需要被扣除，作为A团队的旅游费用。

C团队作为业绩最差的一方，在对赌中无法获得任何奖励，同时还需要付出一定的既得利益为A团队提供旅游费用。A团队则通过自己的努力争取到了免费旅游的机会。

在实际的团队PK中，各方可以签订细致的对赌条约。对赌内容可以根据各团队的实际情况进行调整，奖惩可大可小。例如，没有完成业绩目标的团队可以选择的惩罚有扣除基本薪资、承担店面打扫工作或类似于喝苦瓜汁的整蛊惩罚。有惩罚就要有奖励，奖励可以是薪资奖励、团队旅游或实物奖励，如手机、平板电脑等。

对赌的各方需要对奖惩内容、既定目标进行详细、明确的规定，并落实到书面上，防止出现各方对对赌协议理解不同、遵循的标准不同的情况。对赌式激励会使参与对赌的各方有紧迫感与压力，促使员工提高工作积极性，努力完成既定的对赌目标，赢得胜利。

10.3.3 福利式激励：对表现优异的员工提供额外福利

好的福利待遇能够激发员工的积极性，提升员工的忠诚度，进而提高企业的竞争力。好的福利待遇能帮助企业吸引、留住优秀人才，同时还能提高员工对企业的满意度和企业形象。虽然高薪能够吸引人才，但是良好的福利待遇是留住人才的关键。

很多企业在薪资上与其他企业相比可能略逊一筹，但是由于具有丰厚的福利待遇，仍然成为很多优秀人才的首选。一些薪资比较高、福利一般的企业，也能吸引一些优秀的人才，但是因为福利不好，所以优秀人才的各项权益无法得到很好的保障，优秀人才在企业不会长久地停留，最终还是会离开。

除了养老保险、医疗保险、失业保险和工伤保险等法律规定的福利之外，企业还可以向员工提供一些自愿性福利，如免费工作餐、交通补贴、住房补贴等。企业给员工提供的这些福利能够在很大程度上提高员工的积极性以及对企业的忠诚度。

企业向员工提供的自愿性福利，需要结合企业的经营效益而定。企业可以在员工需求的基础上，增加新的福利待遇。一些常见的自愿性福利如下所示。

1.免费工作餐

很多企业会向员工提供免费的工作餐，或者发放固定的午餐补助。一般来说，免费午餐并不会起到很大的激励作用，因为在很多员工看来，这是企业应该做的事。但是如果取消这项福利，员工会感到不满意。如果企业有能力，还是应当提供这项福利。

2.交通服务或者交通补贴

大多数的企业会提供这一项福利。例如，给集中住在某些区域的员工提供交通服务，会使员工感到很方便，从而提高员工的工作效率，降低企业的成本。在员工较多且居住地不集中的情况下，企业可以采用现金补贴的方式在交通方面给员工提供福利。

3.住房福利

提供住房福利也是一种吸引和挽留员工的重要方法，很多企业都提供住房福利，帮助员工降低生活成本。住房福利的形式主要有现金津贴、房屋贷款、个人储蓄计划、利息补助计划、提供员工宿舍等。

为员工提供住房福利能够在很大程度上激励员工，尤其是对于年轻、有购置房屋需求的员工来说，提供住房补贴可以帮助他们减轻住房压力。

4. 购车福利

如果企业的效益比较好，不妨给员工提供购车这项福利。推行这个福利一方面可以使公司的用车压力得到缓解，另一方面还可以留住人才。例如，方太厨具公司就为高层管理人员提供无利息购车贷款，帮助员工解决用车问题。

5. 补充养老保险

为员工办理补充养老保险也是一项重要福利。这不但符合社保的需要，还能够吸引人才，为员工提供更有力的退休福利保障。补充养老保险的费用由企业承担。

6. 文化娱乐体育设施

当企业的员工偏向年轻化时，企业就需要注意丰富员工的业余生活，提高员工的心理健康水平，从而提高员工的工作效率。如果员工比较多，企业就可以为他们提供多种文化娱乐活动。企业也可以和文化娱乐体育设施的所有者协商，让员工以更低的价格享受到这些服务。

7. 教育福利

教育福利主要是指给员工提供教育方面的资助，例如，为员工提供正规教育课程、学位申请的费用、非岗位培训，为员工报销书本费和实验材料费用。例如，金蝶软件公司为高层提供免费的中欧国际工商管理学院的EMBA教育。

在给员工提供教育福利时，企业也应该看到其中的风险。例如，员工可能在学成之后就离开公司，从而给公司造成一定的损失。

福利激励涉及员工的切身利益，只要运用恰当，就一定能够激发员工的动力。因此，为了能够促进员工在工作上做出更好的成绩，企业应该给不同表现的员工提供不同的福利，以激励员工奋发向上。

10.3.4 案例解析：宝洁的福利激励模式

在宝洁公司的福利制度中，除了法定的基本福利外，还有许多其他福利，用于保障员工生活。宝洁公司实行弹性工作制，即只要保证上午10点到下午4点的核心工作时间，其他时间，员工可以根据自己的情况自由安排，还可以在5个工作日中，选择1天在家办公。

宝洁公司中符合要求的员工可以享受公司提供的无息紧急贷款。员工还可以根据自己的实际需要，申请一周工作3天或者4天，即非全职工作。宝洁公司根据具体工作时间为员工发放薪资，但不会扣除其他的员工应得的福利。

宝洁公司为员工提供的额外福利还有许多，例如，待产女员工可以提前两个月休假，宝妈可以申请1年的无薪产假等。宝洁公司的成功，与其科学、有效的员工管理制度有着密不可分的关系。宝洁公司通过设计人性化的福利

第10章 员工激励：在激励中成就卓越团队

体系，充分给予员工关怀，满足员工的生活需求，从而激发了员工的工作积极性，员工的工作效率得到提高，最终转化为企业效益。

显然，在企业中，科学、有效的福利制度对员工有着重要的意义，企业应当对福利激励给予足够的重视。

第 11 章
团队文化建设：赋予员工极致归属感

优秀的团队文化能够营造良好的团队氛围，使员工有归属感，促进员工之间的情感交流和人际交往。管理者应关注员工的工作和生活，给予其人文关怀，从物质和精神上加深员工与团队之间的羁绊，从而使员工更加高效地为团队发展服务。

团队文化是团队高效运行的关键

团队文化能够决定团队的属性、团队的生存与消亡、团队业绩的高低。团队文化是一种无形的力量，也是一种社会规范。如果一个团队没有文化，就失去了灵魂，只是一个空壳。想要团队能够高效地运行，管理者就必须为团队打造优秀的文化。

11.1.1 团队文化体现：物质+精神+制度

团队文化体现在物质层面，就是由各种物质设施或产品构成的器物文化，是一种通过物质形态表现出来的表层文化，主要包括企业生产经营的成果、生产环境、建筑、包装设计等。

随着经济发展，人类在物质方面越来越富足，生存资源不再使人们忧心，人们的精神需求日渐增长。

团队文化体现在工作方面，越来越多的求职者不再只为钱工作，而是更

第11章 团队文化建设：赋予员工极致归属感

关心自己的职业发展和自我价值能否实现。在找工作时，他们不仅看重团队能提供的薪酬，还对团队的文化，如团队愿景、使命等感兴趣。在薪水不理想的情况下，他们可能因为和团队的价值观契合而选择留下，并且因为价值观相投而对团队更加忠诚，对工作更加热情。

愿景、使命、价值观是一个团队的灵魂。团队的愿景是团队的未来蓝图，是团队发展的最终目的。它告诉团队"去何处"。柯林斯在《基业长青》中提及："一个企业从优秀到卓越，最重要的标志是能提出超乎利润之上的终极追求"，这份终极追求就是愿景。华为的愿景是"丰富人们的沟通和生活"，它的愿景与人们的生活需求相一致，升华了团队存在的意义。

团队的使命是团队为了实现愿景，要坚持做的事情和具体的操作方法。它告诉团队"为何去"，是团队赖以生存的核心。使命决定团队应该做什么，能激发团队的活力和动力，一旦缺乏使命感，团队就容易原地踏步，很难取得好的成就。

小米的使命是"始终坚持做感动人心、价格厚道的好产品"。围绕着这一使命，小米的产品版图从手机领域一直拓展到家电、文具、生活用品等领域，而且每一款产品都做到了高性价比、结实耐用，为人们的生活带来非常多的便利。

团队的价值观是团队需要遵守、倡导的行为准则，是团队员工做事的底线，是无论员工处于何种境遇，都要坚守的信仰。价值观告诉团队"怎么去"。

"正直、进取、协作、创造"是腾讯的价值观。在这一价值观的指引下，腾讯不断地进行科技研发，将复杂的科技理论转化成简洁、高效的科技产品，并在这个过程中与时俱进、不断创新，开发了许多优质的App。

制度是规范团队管理、增强团队凝聚力的重要保障。团队的思想往往有一定倾向性，思想决定态度，态度影响着行动。正所谓"没有规矩，不成方圆"，制度能够体现出团队的管理倾向，即提倡什么、反对什么。在潜移默化中，制度和文化可以实现有机统一，制度稳固文化，文化指导制度，二者相辅相成。

丰厚的薪水、优渥的待遇对员工的吸引力很大，但真正留住员工的，是愿景、使命、价值观这些精神层面的东西。因此，团队应该了解文化软实力的重要性并积极建设团队文化，把物质文化、精神文化和制度文化结合起来，打造团队的核心竞争力。

11.1.2 误区规避：文化不仅体现在表面

团队文化是团队的底层能量，影响着团队成员的工作状态和结果。团队的文化氛围越浓厚，战斗力就越强。如果员工只是按照制度、流程机械地完成工作，就很难把工作做得出色。

团队文化不是空中楼阁，它是为实现团队目标而服务的。团队文化不能只是一句口号，而应是团队的行动指南。因此，团队文化必须以团队的业务或产品为基础，业务、产品和组织模式在一定程度上决定着团队文化。

那么，优秀的团队文化是如何打造的呢？

（1）团队管理者要在团队内部对文化进行宣传讲解，使文化得到员工的认同和理解，指引员工的思想和行为。

(2）团队管理者的理念和作风直接影响了团队的理念和作风。如果一个团队的领导没有自己的理念和作风，就很难打造出独特的团队文化。团队的理念和作风可以通过标语体现出来。由领导凝聚团队共识，团队全体员工共同参与，通过沟通讨论制定出团队标语，并在日常工作中以这一标语为行为准则，最终形成团队文化。

（3）团队文化要做到"知行合一"。团队文化的意义在于能够指导实践，并提供价值判断的标准。明确且符合实际的团队文化能够产生巨大的精神力量，使整个团队的执行力得到提升。团队文化具有价值判断的特性，管理者可以通过修订规章制度的方式来纠正员工的错误行为，促使员工改进，推动团队文化不断完善。

（4）建设团队文化的重要形式是学习。无论是何种规模、何种级别的团队，都必须组织、强化团队学习。想要强化、更新团队的能力，管理者就必须加强员工对相关知识技能的学习和训练。这样既提升了员工的工作能力，又提高了团队的整体业绩。员工的能力发展需求得到了满足，其对团队的依赖和忠诚度也会随之提高。

（5）团队管理者可以通过组织各类活动，增强员工之间的情感交流，使员工之间更加亲近，相互依靠，荣辱与共。营造良好的团队氛围不仅要靠员工日常工作时的沟通，还需要依靠非正式的沟通，如活动中的沟通交流。团队管理者组织活动要用心，要组织员工真正感兴趣、想参加的活动，只有这样才能够进一步维系员工之间的情感，增强团队文化的感染力和团队向心力。

以身作则：管理者是团队文化传播的关键

团队管理者是一个团队的核心。团队具有怎样的文化，取决于管理者具备怎样的作风和理念。团队文化在团队中的作用很重要，团队管理者要以身作则，践行团队文化，推动团队文化建设，凝聚团队力量。

11.2.1 解读团队文化，加强员工对文化的理解

在合作开展工作的过程中，员工在实现自身人生价值的同时完成团队目标而形成的潜意识文化就是团队文化。团队文化包含行为准则、管理制度、最终目标等内容，以全体员工为客体，通过宣传、教育、培训、沟通等方式，最大限度地使员工的意志得到统一，规范行为，凝聚力量，促使员工为达成团队的总目标而努力。

管理者应如何解读团队文化，加强员工对团队文化的理解？

1.做好传播宣传工作

只有做好团队文化的传播宣传工作，团队文化才能渗透员工的实际工作，员工对团队文化才能有更深入的理解。常见的传播宣传团队文化的方法有绘制文化墙、定制工牌、举办主题活动或公益活动等。

2.做好奖惩激励工作

在建设团队文化的过程中,奖惩标准要明确,并且严格按照标准执行。员工需要明确对与错的标准,以便在实际工作中明辨是非,遵守规章制度。在奖惩激励方面,管理者可以采取这些措施:制定团队文化考核机制、评选团队文化大使、实行杰出员工文化积分制度等。

3.做好教育培训工作

经过对团队文化的传播宣传,员工会在思想上对团队文化的内涵有所了解。这时管理者就需要对员工进行相应的教育培训,使员工真正理解并能够践行团队文化的核心理念。教育培训工作包括对新员工进行文化培训、对管理层进行文化培训、对员工的行为规范进行培训等。

4.做好树立文化典型的工作

管理者应基于团队文化的核心理念,关注员工日常工作过程中出现的典型事例,例如,面对紧急事件不慌乱,反应迅速,沉着冷静处理;耐心、细心地为客户解决问题,不厌其烦地向客户解释等。管理者应将相关事件和人物树立为文化典型,号召全体员工学习。

5.做好以身作则工作

团队的管理者作为团队文化的风向标,在实际的工作中应该以身作则,为员工做出表率。无论是在会议、活动等公开的场合,还是在自己的日常工作中、独处时,管理者都应该将团队文化作为自己的行为准则,严于律己,切实践行团队文化,起到榜样作用。

6. 做好传播渠道建设工作

在建设团队文化的过程中，管理者可以通过创建内部论坛、员工满意度调查等方式，开辟出一条更通畅的团队文化传播渠道，使能够体现团队文化的行为、案例以及团队文化的核心理念可以传递给每一位员工，让员工感受到团队文化的优越性和凝聚作用。

11.2.2　身体力行践行团队文化

在企业中，管理者应成为员工的榜样。在许多员工眼中，管理者具有某种他人所没有的特质，其中最重要的就是管理者的自我要求。

员工之所以服从管理者的指挥，可能出于两个原因：一是管理者地位高、权力大，员工不服从会遭受制裁；二是管理者的能力和对事情的看法、知识、经验，远超普通员工，令员工心服口服。

团队制度作为团队文化的重要组成部分之一，是全体员工共同遵守的准则，也应对管理者起到约束作用。管理者只有在制度的约束下身体力行，以身作则，起到带头作用，才能维护自己在员工心目中的威信，并使员工自觉地遵守制度，确保制度的作用能有效发挥。如果管理者不遵守制度，员工就会产生这样的想法：管理者都做不到，凭什么要求我做到？

北京一家企业的老板将销售部交给自己的外甥李华管理，李华为了树立自己的威信，给销售部制定了非常苛刻的管理制度。一旦销售部的员工违反了他制定的制度，他就会立马对其进行处罚，但李华自己却从来不遵守制度。

他这样的行为引起了销售部员工的不满，但碍于他和老板的亲戚关系，员工都敢怒不敢言。很多员工选择辞职，导致销售部人员流动性很大，销售业绩惨淡，产品积压，整个公司也因此而出现亏损。

一个公司能否在竞争激烈的市场中立足并得到发展，与管理者是否有自律意识有很大关系。管理者要求员工对自己的行为负责，管理者也必须对自己的行为负责。只有不断地反省自己，高标准地要求自己，管理者才能树立威信，起到榜样作用，从而受到员工尊敬、信赖，员工会服从管理者的领导，积极完成工作。

为什么制度的执行格外强调管理者要以身作则？主要有以下几个原因，如图11-1所示。

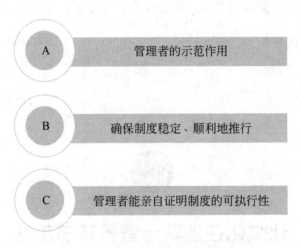

图11-1　管理者要以身作则的原因

一是管理者的示范作用。正所谓"上行下效"，管理者遵守制度，员工也会照做，这样制度就能被很好地执行。

二是确保制度稳定、顺利地推行。相较于员工，管理者拥有很多不遵守制度的便利条件,而且往往可以做得更加隐蔽,更加难以被管控。很多企业在追查制度无法顺利落地的根源时,发现破坏制度的是管理者。管理者不遵守制度,会严重影响制度的执行。因此,管理者做到以身作则,能够确保制度稳定、顺利地推行。

三是管理者能亲自证明制度的可执行性。在执行制度的过程中,员工可能会质疑制度的合理性。管理者遵守制度可以了解制度的执行效果,对制度有切身体验。当员工提出意见时,管理者能根据自己的实际体验,向员工讲明制度具有可执行性和制度的实际意义。

管理者一定要严于律己,以身作则,以执行制度为荣,把各项制度真正落到实处,做执行制度的表率,起到模范带头作用。这样能够调动员工自觉遵守各项制度的积极性,使每位员工都能自觉以制度为标准来要求自己,并进行自我管理。

让文化在团队运营各环节落地

团队文化包含团队使命、愿景和价值观,决定了团队的价值导向。团队文化落地,有利于团队员工达成共识,形成向心力和凝聚力。优秀的团队文化可以增强员工的战斗力和执行力,促进团队发展。

11.3.1 培训：积极开展文化培训

无论规模大小，每个团队都有独特的团队文化，团队文化是团队的灵魂与精神内核。作为团队新生力量的新员工，在入职初期，必不可少的培训流程就是接受团队文化培训。只有这样，新员工才能够更好适应工作岗位，快速转换角色，增强对团队的归属感。

在进行文化培训时，培训人员要通过多种培训方式，建立起多层次的培训体系。团队文化的培训具体有以下几种方式。

（1）讲解团队的基本情况。这一培训可以从团队人员情况入手，将团队中有哪些部门、各部门人员构成、各部门主要负责的工作等信息传递给新员工。此外，培训人员还可以向新员工介绍团队的发展历程、规章制度、目标、愿景、未来发展规划等内容，使新员工了解团队的目标和宗旨，适应团队的要求。

培训人员还可以向新员工介绍团队的福利，这有利于使新员工对团队产生信任和好感。而除了正常的薪资福利外，在文化培训中，培训人员也要向新员工介绍团队的自愿性福利，如提供零食、团队旅游等，使新员工充分了解团队的福利情况，这样会使新员工对团队的认可度更高，从而更有动力地工作。

（2）讲解团队的价值观。价值观是团队文化的基石，因此，这项培训是文化培训的核心内容。大部分团队的价值观的呈现形式都是词条，如笃行、慎思、创新等。词条背后往往蕴含着整个团队的思维方式、处世哲学、工作理念等。

在进行价值观的培训时，培训人员除了对价值观进行详细的解读与说明之外，还可以通过列举团队发展过程中曾经发生过的真实案例，为新员工诠释如何践行价值观。

（3）发挥老员工的引导作用。在团队中，入职时间长、经验丰富的老员工，往往对团队文化有着独到且深刻的理解。尤其是伴随团队成长全过程的老员工，他们所具备的经验是团队文化的重要组成部分。邀请老员工向新员工分享团队成长过程中的成功、失败、趣事等内容，可以让新员工快速了解团队的发展历程以及文化根基，快速融入团队，更加了解自身职务的内涵。

（4）团队高层管理者参与培训活动。在新员工入职初期，高层管理者的欢迎与致辞，往往会让新员工感受到自己受到重视、欢迎与尊重。同时，团队高层管理者对团队文化的理解更加透彻，能够做到"知行合一"，帮助新员工更加深刻地理解团队文化。

对于新员工是否真正领会和掌握文化培训的内容，团队管理者需要在其后续工作的过程中进行跟踪调查。若发现新员工的工作行为与团队文化相违背，团队管理者需要及时干预，通过进行多次培训或考核的方式，使其对团队文化的理解更加深刻。

11.3.2 考核：将文化融入考核内容

在建设团队文化的过程中，很多员工对团队文化不以为意，导致团队文化流于口号。因此，管理者要将文化融入绩效考核中，渗透员工的日常工作。在实践过程中，一些管理者只将员工的工作态度和能力素质作为考核的依据，但考核时无法具体量化。

想要真正将团队文化融入绩效考核中，考核的依据还应包括员工的行为、表现。管理者可以通过以下3个方面，将文化融入考核内容，如图11-2所示。

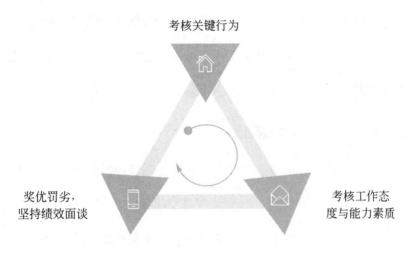

图11-2　如何将团队文化融入绩效考核

1.考核关键行为

考核关键行为就是对员工日常工作中影响工作绩效的行为进行评价，对正向的、符合团队文化的行为进行鼓励，对降低工作效率的行为进行批评，使员工改正自己在工作中的不正确行为，提高工作效率，将团队文化落到实处。

管理者可以根据团队文化确定优秀行为，再将这些行为作为考核的指标。员工的表现达到指标，管理者可以给予其奖励；未达到的要给予惩罚，帮助其改正。需要注意的是，指标体现的是日常工作中员工的正向行为，而非行为的结果。指标要与实际情况相结合，最好具有普适性。

2.考核工作态度与能力素质

除了员工的日常行为外，其所具备的能力素质和工作态度也能体现出团队文化。管理者应将员工的工作态度和能力素质也纳入考核的范围，作为关键行为考核结果的修正项，使考核结果更贴近团队文化的要求和员工自身的实际情况。需要注意的是，员工工作态度与能力素质这一指标不应在整体考核中占比过大。

3.奖优罚劣，坚持绩效面谈

管理者要将考核结果与员工的奖惩挂钩，对表现好的员工给予奖励，对表现不好的员工要进行惩罚。这样才能使员工重视考核，让工作有效开展。绩效面谈是员工绩效考核中十分重要的一环，在考核结束后，管理者要与员工进行面对面的交流，帮助员工发现问题并及时改进，使员工的行为更符合团队文化的要求。

11.3.3　组织活动：通过多样的活动传播团队文化

为了缓解员工的工作压力，增强员工的团队荣誉感和归属感，很多团队都会时不时地组织各种活动，并在活动中传播、践行团队文化。

以团队文体活动为例。文体活动包括歌舞表演、书画比赛、诗歌朗诵等多种形式。文体活动能够展示员工的多种风采，使团队氛围轻松、愉悦，弘扬团队精神，推动团队文化传播。

开展文体活动时，组织者需要将团队文化的核心理念作为活动指导，围绕主题，在活动中体现出团队文化的价值观、宗旨和愿景，在潜移默化中将团队文化传播出去。在利用文体活动传播团队文化时，组织者要注意以下几点。

1.重在全员参与和管理者重视

团队文化的传播对象是全体员工，因此每一位员工都要参与活动。只有员工亲身体验到活动的乐趣和意义，活动中蕴含的文化才能实现更广泛的传播。管理者必须以身作则，主动带头，和员工同享、同乐，让员工获得归属感，认可团队文化。

2.重在形式多样和融合互动

文体活动形式多样、生动有趣，能多种表演形式结合，从不同的角度对企业文化进行阐释，在传播团队文化方面有着巨大的优势。为了使员工更具参与感和体验感，组织者可以在活动中设计互动环节，将活动推向高潮，产生更大的影响力和凝聚力。

3.重在精心安排和气氛热烈

开展文体活动的方式有很多种，例如，利用节假日开展主题活动，在不同的季节组织不同的活动，与团队的文化建设相结合等。无论开展什么样的文体活动，组织者都要精心安排，确保活动现场气氛热烈，员工能全身心地投入其中，得到真正的放松，感受到团队文化的优越性。多种多样的文体活动丰富了员工的文化生活，员工对工作和生活有更多的热情，对团队文化更加认同，从而自愿践行团队文化。

4.注重团队协作，加强沟通

文体活动能够给团队中的所有员工提供一个交流沟通的机会。员工在活动中加强沟通，通力合作，共同完成活动，共享喜悦。活动增进了员工之间的了解，增强员工的团队意识，营造和谐的团队氛围，使全体员工深入理解团队文化，实现理念和行动的统一，进一步传播团队文化。

文体活动对团队文化传播有十分重要的作用，既可以增强团队的凝聚力，又可以塑造一个良好的团队形象，提升团队的知名度。